RHEIN
EMMERICH
Isselburg
Grieth
REES
Bocholt
Schloss Moyland
KALKAR
GOCH
Bislich
XANTEN
Uedem
WESEL
LIPPE
RHEIN
WESER-DATTELN-KANAL
Büderich
Birten
Sonsbeck
Kevelaer
Alpen
EMSCHER
Walsum
DINSLAKEN
Schloss Haag
Issum
RHEINBERG
GELDERN
Orsoy
HAFEN
RUHRORT
NIERS
MOERS
KAMP-LINTFORT
NEUKIRCHEN-VLUYN
RUHR
Kerken
STRAELEN
RHEINHAUSEN
DUISBURG
Wachtendonk
St.Hubert
Friemersheim
RHEIN
Kaisers-werth
KEMPEN
KREFELD
Uerdingen
NETTE
GREFRATH
NIERS
TÖNIS-VORST
DÜSSELDORF
Büderich
SÜCHTELN
VIERSEN
Burg Linn
Hinsbeck
Schloss Benrath
Lobberich
WILLICH
KAARST
DÜLKEN
NETTE
Schloss Myllendonk
Schloss Liedberg
NEUSS
BRÜGGEN
RHEYDT
Mönchengladbach
DÜSSEL
RHEIN
Burg Brüggen
Schloss Reydt
SCHWALMTAL
ERFT
Schrofmühle
Schloss Wickrath
Schloss Dyck
NIERS
Schloss Hülchrath
WEGBERG
SCHWALM
Stürzelberg
Wassenberg
ERKELENZ
GREVENBROICH
H.J. Kaiser 99
ZONS

BILDFOLGE – ZAUBERHAFTER NIEDERRHEIN
CONTENTS – Magical Niederrhein
CONTENU – La basse Vallée du Rhin

Zauberhafter NIEDERRHEIN

Eine Farbbildreise durch Landschaft und Geschichte

Text: Rose Marie Lehnhof
Fotografie: Ruth Kaiser u. a.

ZVP ZIETHEN-PANORAMA VERLAG

Neidische Nachbarn machten ihr deshalb das Leben schwer. In ihrer Not kam ein edler Retter aus unbekanntem Land. Die Überlieferung gibt seinen Namen mit Elias Grail an. Sie meldet ferner, daß die beiden heirateten, über zwanzig glückliche Ehejahre miteinander verlebten und drei Söhne hatten. Aber es gab da eine Ungereimtheit. Die schöne Beatrix durfte ihren Angetrauten nicht nach Namen und Herkommen fragen. Demnach wäre sie verheiratet gewesen, ohne zu wissen mit wem. Eine merkwürdige Diskretion, mit der vielleicht nur verschleiert werden sollte, daß dieser Ehemann für die hochwohlgeborene Grafentochter nicht ganz standesgemäß war. Eine Lücke, derer sich die Phantasie annahm. Sie machte aus diesem ominösen Herrn Grail einen glänzenden Gralsritter, der in einem von einem Schwan gezogenen Nachen in Kleve vorfuhr, um dessen Herrin von allem Unbill zu befreien. Dank Richard Wagner wurden der Schwanenritter unter dem Namen Lohengrin und die schöne Beatrix als Elsa von Brabant weltbekannt. Der Schwan wurde zum Wappentier der Klever Grafen, die später zu Herzögen ernannt wurden und während des Mittelalters lange Zeit die mächtigsten Herren des Niederrheins waren. Einer von ihnen, ein Johann mit dem Beinamen „der Friedfertige" erließ 1530 das „Klevische Toleranzedikt", das jedem in seinem Herzogtum Religionsfreiheit garantierte, lange bevor im Preußen Friedrichs des Großen „jeder nach seiner Fasson selig werden konnte". Ein Beispiel ausgeprägter Toleranzkultur, die hier seit den Tagen der Römer beheimatet ist. Es war die Zeit, in der die benachbarten Niederlande der spanischen Krone unterstanden, die den katholischen Glauben mit Schwert und Folter verteidigte. Sie währte von 1559 - 1648, das sind achtzig Jahre oder drei Generationen, von deren Angehörigen sich viele um des Glaubens willen in das freizügige Nachbarland Kleve retteten. Von Heinrich Böll, einem Liebhaber des Niederrheins, wurde ihm nachgesagt, daß „selbst seine Hühner katholisch sind."

An omission that set imagination in motion. She made the ominous Mr Grail into a shining Knight of the Holy Grail who made his way to Kleve in a swan-drawn boat to free its mistress from all her troubles. Thanks to Richard Wagner, the Knight of the Swan became world-famous as Lohengrin, and the fair Beatrix as Elsa of Brabant. The swan became the heraldic animal of the counts of Kleve, who were later elevated to dukes and for a long period during the Middle Ages were the most powerful rulers of the Niederrhein. One of them, John the Peaceable issued the Kleve Decree of Tolerance in 1530, guaranteeing freedom of religion to everyone in his duchy, long before Frederick the Great did so in Prussia. An example of the tolerance that has been part of the civilization here since Roman times. It was at the time when the neighbouring Netherlands were under Spanish rule, which defended Catholicism by torture and the sword. This lasted from 1559 to 1648, in other words 80 years or three generations, during which time many fled to the tolerant neighbouring territory of Kleve for reasons of belief. It is said of the writer Heinrich BÖll, a great admirer of the Niederrhein, that he once coined the phrase "even the chickens are Catholic". With the exception of the two cities of Duisburg and Wesel on the right bank of the Rhine. These took in religious refugees from Holland and England, which brought them a good portion of Calvinism. The refugees also brought with them good ideas and craftsman's skills. Above all they had learned, war-weary as they were, that the taking of land did not have to be accomplished by military force. They set up colonies abroad. One such man was Peter Minuit from Wesel. In 1625 while searching for a place to set up fur trading he landed in a bay called Ma-na-Ha-ta, which means "happy island". He bought it from the Indians, giving them 60 Dutch guilders for some 80 acres, about 25 dollars. Here he founded New Amsterdam, later renamed New York.

Elle aurait donc ignoré qui elle avait épousé. Cet acte de discrétion singulier cache peut-être le fait que le mari était de condition inférieure à la fille d'un comte puissant. Quoi qu'il en soit, ce mystère éveilla les imaginations qui firent du sieur Grail un chevalier du Graal apparaissant à Clèves dans une nacelle tirée par un cygne, pour délivrer la belle comtesse de ses tourmenteurs. Grâce à Richard Wagner, le chevalier au cygne est passé dans la postérité sous le nom de Lohengrin, et Beatrix sous celui d'Elsa de Brabant. Le cygne est devenu l'animal héraldique des comtes de Clèves - élevés plus tard à la dignité de ducs - qui furent les plus puissants seigneurs de la basse vallée du Rhin durant le Moyen Age. L'un d'eux, Johann le Paisible, signa en 1530 l'édit de tolérance de Clèves qui garantissait la liberté religieuse dans son duché bien avant que Frédéric le Grand de Prusse ne décrétât que «chacun peut sauver son âme à sa façon». Cela n'est qu'un exemple de la tolérance culturelle vivace dans cette région depuis les Romains. A cette même époque, la couronne d'Espagne imposait le catholicisme, par le glaive et la torture, aux Pays-Bas voisins qui lui appartenaient. Durant les 80 ans de sa domination, de 1559 à 1648, à savoir trois générations, nombre de persécutés religieux hollandais vinrent se réfugier dans le duché de Clèves libéral. Le célèbre écrivain allemand, Heinrich Böll, amoureux de la basse vallée du Rhin, écrivit pourtant que «même sa volaille est catholique.» Cela est vrai en effet, hormis pour Duisburg et Wesel, deux villes situées sur la rive droite du fleuve. Les réfugiés de Hollande et à certaines époques d'Angleterre qu'elles avaient accueillis, les tintèrent fortement de calvinisme tout en leur apportant de bonnes idées et leur savoir artisanal. Dans l'adversité, ces gens avaient en outre compris l'inutilité des guerres d'expansion territoriale. Ils partirent coloniser outre-mer. Un de ces hommes était Peter Minuit de Wesel.

Eine Ausnahme bilden die beiden rechtsrheinisch gelegenen Städte Duisburg und Wesel. Diese nahmen aus Holland Religionsflüchtlinge auf, die ihnen einen tüchtigen Touch Kalvinismus bescherten. Diese Menschen brachten gute Ideen und handwerkliche Fertigkeiten mit. Vor allem hatten sie, kriegsmüde wie sie waren, begriffen, daß sich Landnahme durch Krieg vermeiden ließ. Sie kolonisierten in Übersee. Solch ein Mann war Peter Minuit aus Wesel. Auf der Suche nach einem Platz zur Eröffnung eines Pelzhandels landete er 1625 in einer Bucht, die von den Eingeborenen Ma-na-Ha-ta genannt wurde, was soviel wie „glückliche Insel" hieß. Diese kaufte er den Indianern ab, gab für die 110.000 Morgen 60 holländische Gulden, was einem Wert von etwa 25 Dollar entsprechen soll. Hier gründete er Neu Amsterdam, das spätere New York. Auf dem Moltkeplatz in Wesel steht heute sein Denkmal.

In Rupelmonde geriet ein gewisser Gerhard Cremer in die Hände der Inquisition. Da er sich bereits einen Namen als Kartograph gemacht hatte, kam er durch Fürsprache frei, zog es dann jedoch vor, sich nach einem weniger gefährlichen Wohnsitz umzusehen. Seine Wahl fiel auf Duisburg, wo er unter dem latinisierten Namen Mercator zu hohem Ansehen kam. Er hinterließ eine in Kupfer gestochene Kartensammlung, die er „Atlas" nannte. Ein Exemplar seines Romführers wurde vor nicht allzu langer Zeit bei Sotheby für 1,2 Millionen Dollar versteigert. Er starb 1594, im Alter von 82 Jahren. Sein Standbild steht in Duisburg auf dem nach ihm benannten Platz. Im Herzogtum Geldern, welches bis 1713 spanisch geblieben ist, ging es derweil streng katholisch zu. In ihm lag Kevelaer, das von Oratorianerpatern gezielt als Vorposten für die katholischen Belange ausgebaut wurde. Mit Erfolg hat es sich von einem kleinen Weiler zu einem großen Wallfahrtsort entwickelt und wurde 1987 sogar durch einen Besuch des Papstes geehrt.

There is a statue of him on the Moltkeplatz in Wesel.

In Rupelmonde a certain Gerhard Cremer got into the hands of the Inquisition. As he had already made quite a name for himself as a cartographer, he was granted a pardon and freed, where upon he decided to look for a less dangerous place to live. He chose Duisburg, where he built up a prodigious reputation under the Latin name of Mercator. He left a collection of copperplate maps which he called "Atlas". A copy of his guide to Rome was auctioned recently by Sotheby for 1.2 million dollars. He died in 1594 at the age of 82. There is a statue in Duisburg on the square that bears his name. In the duchy of Geldern on the other hand, Spanish up to 1713, things were strictly Catholic. The area included Kevelaer, which Oratorian monks with considerable dedication built up as a Catholic outpost. It grew from a small hamlet into a large place of pilgrimage; in 1987 it was honoured with a papal visit. Romans, Spaniards, religious refugees, the ancestral line of the inhabitants of the Niederrhein is long, and the more carefully you look, the longer it gets. Not all the Romans came from Rome. Soldiers from three different continents served in its legions. "They all", wrote the author Carl Zuckmayer, "lived, scuffled, boozed, sang and begot children". So here, you could say, is one of the cradles of today's Europeans. Shaped of course by the landscape that surrounded them and fed them. Those who love the idyllic will find it in the Niederrhein. In its deep-green meadows and pastures and in its nature reserves "Hohe Mark" and the one in the Maas-Schwalm-Nette valley on the Dutch border. They must also be prepared for the melancholy atmosphere that envelops the quiet countryside, making people slightly melancholic themselves, as many a Niederrheiner will admit over glasses of beer and "Bees", a schnaps distilled from fruit, when the haze thickens to fog engulfing the countryside,

A la recherche d'un endroit où installer un commerce de fourrures, il accosta en 1625 dans une baie que les autochtones appelaient Ma-na-ha-ta, ce qui signifie «l'île bienheureuse». Il acheta l'île aux Indiens, payant pour 110. 000 arpents la somme de 60 florins hollandais, à savoir 25 dollars actuels, et y fonda la Nouvelle-Amsterdam qui deviendrait New York. Aujourd'hui, une statue de Peter Minuit se dresse sur la place Moltke à Wesel.

A Rupelmonde, un certain Gerhard Cremer eut la malchance de tomber dans les mains de l'inquisition. Mais il fut intercédé en sa faveur car il était un cartographe connu, et on lui rendit la liberté. Il s'empressa alors de chercher un lieu de résidence moins dangereux, son choix se portant sur Duisburg où il allait connaître la célébrité sous le nom de Mercator. Il laissa à la prospérité une collection de cartes géographiques gravées sur cuivre qu'il intitula «Atlas». Il n'y a pas très longtemps, un exemplaire de son guide de Rome fut acheté aux enchères à Sotheby pour 1,2 millions de dollars. Mercator mourut en 1594 à l'âge de 82 ans; sa statue orne une place nommée d'après lui à Duisburg. Le duché de Gueldre, qui resta espagnol jusqu'en 1713, était entièrement catholique et abritait Kevelaer, fondée par les pères de l'Oratoire en tant qu'avant-poste du catholicisme. Petit hameau à l'origine, la ville s'est développée en un lieu de pèlerinage célèbre qui eut l'honneur de recevoir la visite du pape en 1987. Romains, Espagnols, persécutés religieux de différents pays, les ancêtres des habitants de cette région étaient issus de souches très diversifiées. Les soldats des légions romaines venaient par exemple de trois régions du globe. Carl Zuckmayer écrivit: « Ils vivaient tous près du Rhin, se bataillaient, buvaient, chantaient et procréaient ensemble.» Ce terroir est assurément un des berceaux de l'Europe et il a engendré des Européens que leur terre nourricière a profondément marqués.

Römer, Spanier, Glaubensflüchtlinge, die Ahnenreihe der Niederrheiner ist lang, und je genauer man hinsieht, um so länger wird sie. Es kamen ja nicht alle Römer aus Rom. In seinen Legionen dienten Soldaten aus drei Erdteilen. „Das alles hat," nach Carl Zuckmayer, „am Rhein gelebt, gerauft, gesoffen, gesungen und Kinder gezeugt." Hier, so könnte man sagen, stand eine der Wiegen des Europäers, der natürlich auch von der Landschaft geprägt wurde, die ihn umgab und ernährte. Wer die Idylle liebt, kann sie am Niederrhein finden. In seinen sattgrünen Wiesen und Weiden und in seinen Naturparks „Hohe Mark" und dem im Maas-Schwalm-Nettetal an der holländischen Grenze. Er muß aber auch die Melancholie, die oft über dieser stillen Landschaft liegt, in Kauf nehmen; die leicht schwermütig macht, wie manche Niederrheiner bei Bier und Bees, einem aus Obst hergestellten Klaren, bekennen, wenn sich der Dunst zu Nebel verdichtet und über das Land ausbreitet, was im Herbst und im Winter nicht selten der Fall ist. Das alles fördert den Hang zur Grübelei, die leicht phantastische bis skurrile Züge annimmt.

Dabei denkt man sofort an Joseph Beuys, der aus einem Dorf des nördlichen Niederrheins stammte, in dem ein heidnischer Opferstein zum christlichen Altar werden konnte. Joseph Beuys, nach seinen eigenen Worten Erfinder des „Gesamtkunstwerks zukünftiger Gesellschaftsordnung", gelang es als erstem, aus Alltagsgegenständen Kunstwerke zu schaffen. Sein bevorzugtes Material waren Fett und Filz. Eines bestand aus einer alten mit Fett bestrichenen Badewanne. Als eifrige Putzfrauen in Unkenntnis, daß sie einer künstlerischen Arbeit gegenüberstanden, diese reinigten, war das Werk zerstört. Als Schadenersatz wurden 40.000 DM verlangt. Vielen gilt er als größter Künstler unserer Zeit, ebenso vielen gilt er als Spinner. Aber das macht am Niederrhein niemandem etwas aus.

a frequent occurrence in the autumn and winter. All this encourages musing and pondering, sometimes with quite eccentric and grotesque results.

For example, when you think of Joseph Beuys, born in a village in the northern part of the Niederrhein where a pagan sacrificial altar became a Christian one. Joseph Beuys, in his own words the inventor of the "total work of art of future societies". He was the first to create works of art from everyday objects. The materials he preferred were fat and felt. One consisted of a bathtub painted with a layer of fat. When diligent cleaning ladies, unaware that they were dealing with a work of art, cleaned it, the work was destroyed. DM 40,000 compensation was demanded. Many regard Beuys as the greatest artist of our time, but just as many as a nutter. But nobody in the Niederrhein is bothered about that.

Avec ses parcs domaniaux «Hohe Mark» et «Maas-Schwalm-Nettetal» à la frontière hollandaise, la basse vallée du Rhin comble les amoureux de la nature. Cependant, ils doivent aussi accepter la mélancolie que dégagent fréquemment les paysages silencieux, surtout en automne et en hiver, lorsque des nappes de brouillard recouvrent la campagne. Ce sont des paysages qui donnent du vague à l'âme, avouent les habitants de la région autour d'un verre de bière ou de «Bees», l'eau-de-vie du pays; ils engendrent la rumination, des pensées chimériques et parfois fantasques.

Dans ce contexte, le nom de Joseph Beuys vient immédiatement à l'esprit. Originaire d'un village du nord de la contrée, où l'autel de l'église est un ancien autel de sacrifice païen, Beuys était, selon ses propres termes, l'inventeur de «l'œuvre d'art illustrant l'ordre social de l'avenir». Il fut le premier à transformer des objets quotidiens en œuvres d'art. Ses matériaux préférés étaient le feutre et la graisse. Une de ses réalisations, exposée dans un musée - une vieille baignoire enduite de graisse - fut détruite lorsque des femmes de ménage trop zélées entreprirent de la nettoyer. Les dommages-intérêts s'élevèrent à plus de 120 000 francs. Pour beaucoup, Beuys est le plus grand artiste de notre temps, pour d'autres, il n'était qu'un farfelu. Pour les habitants de sa région, il était tout simplement un enfant du pays.

ZONS GREVENBROICH

Zons mit seinen Türmen, Gräben und Mauern gilt bei den Experten als Musterbeispiel einer erhaltenen befestigten Stadt des Mittelalters am Niederrhein. Im Bild links sieht man den Mühlenturm. – Das im 10. Jahrhundert in den Auen des Gillbaches von Gaugrafen erbaute Schloß Hülcherath im Ortsteil Grevenbroich wurde im Besitz der Grafen von Hülcherath zügig zu einem wehrhaften Kastell ausgebaut. 1206 erhielten Burg und Ort die Stadtrechte. Der gotische Turm erinnert an das dunkelste Mittelalter und wird Hexenturm genannt.

ZONS GREVENBROICH

Many experts consider Zons, with its towers, moats and walls, a model example of a fortified medieval Niederrhein town that has been preserved. On the left is the Mill Tower. – Hülcherath Castle in Grevenbroich was built in the 10th century in the Gillbach watermeadows by Count auf der Motte. It passed to the Counts of Hülcherath, who rapidly proceeded to turn it into a fort. Castle and town were granted charters as early as 1206. The Gothic tower is also called the Witches' Tower, reminding us of the dark Middle Ages.

ZONS GREVENBROICH

Avec ses tours, ses fossés et ses murs, Zons est un très bel exemple de ville médiévale fortifiée admirablement conservée, de la basse vallée du Rhin. – Le château qui se dresse à Grevenbroich, fut érigé au 10e siècle dans la vallée du Gillbach et revint plus tard aux comtes de Hülcherath qui le transformèrent en un château fortifié. Grevenbroich reçut son droit de ville dès 1206. La tour gothique, surnommée «tour des sorcières», rappelle une des périodes les plus sombres du Moyen Age.

Die Landeshauptstadt Düsseldorf

Düsseldorf ist erst siebenhundert Jahre alt. Im historischen Rheinland noch ein sehr junges „Dorf", das aber Karriere gemacht hat. Schon unter dem Kurfürsten Jan Wellem wurde es Residenz, in unseren Tagen gar Hauptstadt von Nordrhein-Westfalen, die Zeit seines großen Aufstiegs zu einer modernen Großstadt. Eine der Perlen der Stadt ist Schloß Benrath, eine Schöpfung zwischen Barock und Rokoko. Für jedermann zugänglich, steht es heute zu Konzertveranstaltungen ebenso wie zu Empfängen von Stadt und Land zur Verfügung.

Dusseldorf is only 700 years old so, in the historic Rhineland, just a young "village" ("Dorf"), but one that has made its way. It was a seat of court under Elector Jan Wellem, and now, as capital of Northrhine Westfalia, has grown into a great modern metropolis. When hosting official functions it likes to show off inherited jewels. One such is Benrath Castle, a mixture of the baroque and rococo, nowadays open to the public. It is also used for concerts and municipal and state functions.

Düsseldorf dont le nom signifie «village sur la Düssel», n'existe que depuis 700 ans. Jeune village au Moyen Age, la ville a rapidement prospéré, est devenue résidence sous le prince-électeur Jan Wellem et est aujourd'hui une grande ville moderne, capitale du Land Rhénanie-du-Nord-Westphalie. D'admirables édifices historiques rehaussent son éclat. L'un d'eux est le château Benrath, édifié en style baroque. Il est aujourd'hui ouvert au public, abrite une salle de concerts et sert aux réceptions officielles données par la ville ou l'État.

IOANNI. GUILIELMO.
COM. PAL. RHEN. S. R. I. ARCHIDAP. ET. EL.
BAV. IUL. CLIV. MONT. DUCI. PRINC. OPT.
MERITO. URBIS. AMPLIFICATORI.
PINACOTHECAE. FUNDATORI.
1259-12
1716

Das alte Rathaus ist im Wesentlichen noch im spätgotischen Stil erbaut. Später erhielt es ein barockes Portal. Der Rathausplatz davor wurde im Mittelalter gewissermaßen als Sportplatz benutzt. Hier wurden Ritterturniere abgehalten. Heute wird es beherrscht von dem Denkmal des Jan Wellem, des volkstümlichsten Kurfürsten seines Landes. Im 16. Jahrhundert wurde die bereits vorhandene Burg zu einem Schloß umgebaut. Davon blieb allein der fünfgeschossige Rundturm am Rheinufer erhalten.

The old town hall is largely late-Gothic. Later a baroque entrance was added. The town hall square was used in the Middle Ages as a sort of sportsfield where jousting tournaments were held. Today the square is dominated by the statue of Jan Wellem, the most popular elector. In the 16th century the existing fortified castle was turned into a residential one. But only the five-storey round tower on the banks of the Rhine has been preserved.

L'ancien hôtel de ville est en style gothique tardif. Le portail de style baroque est une addition ultérieure. Au Moyen Age, la place de l'hôtel de ville servait en quelque sorte de terrain de jeux. C'est là que se déroulaient les tournois de chevaliers. Elle est aujourd'hui dominée par la statue équestre de Jan Wellem, le prince-électeur le plus populaire de son pays. Le château-fort de la ville fut transformé en palais au 16e siècle. De l'ancien édifice, il ne reste que la tour ronde de cinq étages qui se dresse sur la promenade du Rhin.

DÜSSELDORF, Schadowstraße mit Schadowpassage / Schadowstrasse with Schadow-Passage / Schadowstrasse avec le passage Schadow

Heine vermerkte: „Die Stadt Düsseldorf ist sehr schön, und wenn man in der Ferne an sie denkt und zufällig dort geboren ist, wird einem wunderlich zumute." Wie wunderlich würde es Heine erst werden, wenn er, der in Paris lebte, die heutige Stadt erleben könnte. Schon Napoleon hatte Düsseldorf „Petit Paris" genannt. Was würden beide erst sagen, wenn sie bei elektrischer Beleuchtung durch die Schadow-Passage flanieren und in den Schadow-Stuben einkehren könnten? Die anspruchsvolle Bewirtungsstätte dürfte auch Gourmets aus Paris zufriedenstellen.

Heinrich Heine once wrote, "Dusseldorf is a fine city, and if you were born there and think of it when you're far away, you feel a bit peculiar." How peculiar would Heine feel today? He knew his way about the world of course, having lived in Paris, and Napoleon called Dusseldorf "Little Paris". What would the two of them say if they were to stroll through the Schadow-Passage, lit up with electric light, and maybe stop for a drink in the Schadow Stuben? A select restaurant, with special mention in the Michelin guide, it should satisfy gourmets from Paris too.

Heine écrivit: «Düsseldorf est une belle ville; on s'en émerveille quand on est au loin et qu'on pense à elle, surtout quand le hasard a fait qu'on y soit né.» Quel serait l'émerveillement de Heine s'il pouvait voir sa ville élégante aujourd'hui! Napoléon déjà appelait Düsseldorf le «petit Paris». Que diraient ces deux grands hommes en découvrant le passage Schadow illuminé à l'électricité? Ils s'empresseraient certainement d'entrer dans le «Schadow-Stuben», un restaurant de grande classe, cité dans le Michelin, qui raviraient également les gourmets parisiens les plus exigeants.

NEUSS, Münster St.Quirin

Neuss hat, wie viele linksrheinische von den Römern gegründete Städte, seine 2000 Jahre hinter sich gebracht. Einer kaiserlichen Urkunde zufolge besaß es bereits 1190 die Stadtrechte. Im Mittelalter wurde mit dem Bau des spätromanischen Münsters begonnen, das St.-Quirin geweiht wurde. Obgleich im Laufe der Jahrhunderte verschiedene Baumeister an den Umgestaltungen mitgewirkt haben, gilt die Integration der diversen Stilrichtungen als gelungen. Wie sich das Münster heute präsentiert, stellt es das Wahrzeichen der Stadt Neuss dar.

NEUSS, St.Quirin's Cathedral

Like many cities on the left bank that were founded by the Romans, Neuss has already celebrated its 2000th anniversary. It was granted town charters by imperial decree as early as 1190. The late-Romanesque cathedral, dedicated to St. Quirin, was begun in the Middle Ages. Although many different architects were responsible for additions and alterations over the centuries, the different architectural styles have been skilfully combined. Today the cathedral is the city's main landmark.

NEUSS, Basilique Saint-Quirin

Comme beaucoup de villes de la rive gauche du Rhin fondées par les Romains, Neuss a 2000 ans d'histoire à raconter. Un décret impérial lui accorda son droit de ville en 1190. La construction de la basilique, dédiée à Saint Quirin, commença au Moyen Age, en style roman, puis en style gothique primitif. Divers maîtres d'œuvres y travaillèrent au cours des siècles suivants. Toutefois, les styles différents que l'on retrouve dans l'édifice, s'harmonisent parfaitement. Cette admirable basilique est aujourd'hui le symbole de la ville de Neuss.

An Burgen und Schlössern fehlt es dem Niederrhein nicht. Dafür steht der kleine Burgflecken Liedberg, der neben der eigenen Burg gleich von mehreren Burgen und Schlössern umgeben ist. Einst dienten sie den Kölner Erzbischöfen zur Verteidigung ihres Landes gegen Raubritter und neidische Nachbarn. Der Ort Liedberg zeichnet sich durch eine Reihe malerischer Fachwerkhäuser aus, die denkmalgeschützt sind und so nicht verändert werden dürfen. Im Landeswettbewerb „Unser Dorf soll schöner werden" wurde es mit der Goldmedaille ausgezeichnet (1985).

There's no lack of castles in the Niederrhein. For example in Liedberg, where the town's own castle is surrounded by several others. In former times the archbishops of Cologne used them to defend their territory from robber barons and envious neighbours. A number of picturesque semi-timbered houses, now listed buildings, form another of Liedberg's attractions. In the annual competition for the prettiest village, Liedberg won the gold medal in 1985.

La basse vallée du Rhin est riche en châteaux et demeures seigneuriales. La petite commune de Liedberg ne possède pas seulement son propre château, mais est aussi entourée de plusieurs châteaux-forts qui servaient autrefois à défendre les territoires des archevêques de Cologne contre les chevaliers pillards et les voisins envieux. Liedberg abrite de nombreuses maisons à pans de bois pittoresques, qui sont classées aujourd'hui monuments historiques. En 1985, Liedberg a remporté la médaille d'or dans la compétition «le plus beau village d'Allemagne».

Schloß Dyck war ursprünglich auch ein verrufenes Raubritternest der Herren von Dyck. Der letzte wurde von vielen Grafen und Großherren der Nachbarschaft bekämpft und dann gezwungen, seine Burg selbst zu zerstören. An ihrer Stelle erbauten später die Fürsten von Reifferscheidt-Dyck das Schloß. Darunter ein Weinhaus, das zum alleinigen Ausschank von Wein berechtigt war und nebenbei als Zollstation diente. Das Schloß dient seit Jahren als Filmkulisse für den täglichen Serienfilm „Verbotene Liebe" und ist somit zu neuer Popularität gelangt.

Originally Dyck Castle was a robber baron's lair belonging to the lords of Dyck. The last of the line found himself up against many counts and noblemen in the area and was finally forced to destroy his castle himself. The Dukes of Reifferscheidt-Dyck built the residential castle in its place, residing there themselves and extending it. One of the additions was a wine tavern, which at one time had the sole right to dispense wine and served as a customs post at the same time. The castle also housed an impressive collection of weapons.

A l'origine, le château de Dyck était le repaire de chevaliers pillards, les sieurs de Dyck. Le dernier d'entre eux, vaincu par les nombreux comtes et autres seigneurs du voisinage, fut obligé de détruire lui-même son château. Plus tard, les princes de Reifferscheidt-Dyck construisirent sur son emplacement le château actuel dans lequel ils résidaient. Ils y ajoutèrent de nombreuses dépendances dont un cellier, seul endroit de la région autorisé à vendre du vin; le local servait en outre de poste de douane. Le château abrite également une très belle collection d'armes.

Schon im 11. Jahrhundert wird Schloß Wickrath als Sitz der Herren gleichen Namens bezeugt. Aus diesem niederrheinischen Adelssitz hat sich der malerisch an der Niers gelegene Ort Wickrath entwickelt, der 1974 nach Mönchengladbach eingemeindet wurde. Darin befindet sich das Landesgestüt. Außerdem wurde in der kleinen Schmiede seines Schloßparks ein Museum für Vogelkunde eingerichtet. Beachtenswert sind die Giebel der Vorburg. Sie enthalten klassische Motive, so einen Apoll mit Sonnenwagen und die Göttin Ceres, in deren Schutz ein bedrängter Bauer flieht.

There are records showing that Wickrath Castle was the seat of lords of the same name as early as the 11th century. The picturesque village that grew out of the castle settlement is now part of Mönchengladbach. The state stud farm is located here, and a museum of ornithology has been set up in the blacksmith's shop in the park. Of special note are the gables on the front part of the castle. They show classical motifs, for example Apollo with his sun chariot and the goddess Ceres offering protection to a fleeing farmer.

Dès le 11e siècle, le château est mentionné comme étant la résidence des seigneurs de Wickrath. Il est à l'origine de la pittoresque commune du même nom, située sur la Niers et qui est rattachée à Mönchengladbach depuis 1974. Le château abrite le haras régional. Son ancienne forge est aujourd'hui transformée en un petit musée d'ornithologie. Sur les pignons du corps de bâtiment d'entrée du château, on peut voir des motifs classiques tels que Apollon conduisant le chariot du dieu du soleil et la déesse Cérès accueillant un paysan en fuite.

Schloß Rheidt liegt am Stadtrand von Mönchengladbach, schon im Landschaftsschutzgebiet um die Niers. Eine über tausend Jahre alte Wasserburg, wie sie am Niederrhein bevorzugt wurden. Mangels hoher Berge konnte man sie nicht auf steile Höhen setzen und umgab sie statt dessen mit einem Wassergraben. Dadurch wurde der Zugang zum Schloß für unliebsame Besucher erschwert. Der mittelalterliche Bau wurde zum Ende der Neuzeit im Renaissancestil umgebaut zu einem Bauwerk von kunsthistorischem Wert.

Rheidt Castle is on the outskirts of Mönchengladbach, in the nature reserve around the Niers. A moated castle well over 1000 years old, typical of the Niederrhein. As castles could not be built on steep hilltops as elsewhere, they were surrounded by a moat to keep out unwanted visitors. In the Renaissance period Rheidt Castle was altered and is now a building of considerable architectural merit.

Le château de Rheidt se dresse à la lisière de Mönchenglabach, dans le parc naturel protégé qui s'étend autour de la Niers. Construit il y a plus de mille ans, il est entouré de douves comme beaucoup de châteaux de la région. A défaut de hauteurs sur lesquels on aurait pu les ériger, on entourait les châteaux de fossés remplis d'eau afin de protéger leur accès des visiteurs indésirables. Le château fut reconstruit au 16e siècle en style Renaissance et a aujourd'hui sa place parmi les monuments importants de l'histoire de l'art.

Ein traditionsreiches Gebäude der Stadt Mönchengladbach ist die um die Jahrhundertwende im Jugendstil erbaute Kaiser-Friedrich-Halle, eine Kongreßstätte und Konzerthalle. – Das von dem Architekten Hans Hollein entworfene und 1982 eröffnete Museum Abteiberg wird zu den gelungensten modernen Bauten der Welt gerechnet. Es ist ein Kunsttempel futuristischer Art, in dem kein Raum dem anderen gleicht. Gewidmet ist er der Gegenwartskunst. Sein Verwaltungsturm gilt als neues Wahrzeichen der Stadt.

One of Mönchengladbach's traditional buildings is the Emperor Frederick Hall built at the turn of the 20th century in art deco style. It serves today as a congress centre and concert hall. – The town has another building of great renown. The Abbey Hill Museum, designed by the architect Hans Hollein and opened in 1982, is considered one of the best ten modern buildings in the world. It is a futuristic temple of the arts in which all the rooms are different. It is dedicated to contemporary art. The tower housing the administration is now the town's major landmark.

Un des plus intéressants édifices de Mönchengladbach est le «Kaiser-Friedrich-Halle», centre de congrès et salle de concerts bâti au tournant du siècle en style Art nouveau. – Son pendant moderne est le musée Abteiberg, œuvre de l'architecte Hans Hollein, qui a été inauguré en 1982. Il fait partie de la liste des dix architectures contemporaines les plus réussies du monde. Chaque salle du musée a une configuration différente. Consacré à l'art moderne, le musée est un véritable temple des mouvements avant-gardistes. Sa tour est devenue le nouveau symbole de la ville.

Erkelenz, ehemals eine befestigte Handelsstadt, liegt zwischen dem Maas-Schwalm-Nette-Naturpark und der Jülicher Börde und hat im Umfeld fruchtbaren Boden für Getreide, der früher für den Anbau von Flachs genutzt wurde. Dem Vernehmen nach soll hier auch der beliebte rheinische „Kappes", sonst Weißkohl genannt, gut gedeihen. Lohnend ist der Besuch des Marktplatzes. Das Rathaus mit Walmdach und Laubengang besitzt südländisches Flair und ist für die Gegend etwas ungewöhnlich. Außerdem ist es von schönen alten Bürgerhäusern umstanden.

Erkelenz, once a fortified trading post, lies between the Maas-Schwalm-Nette nature reserve and the fertile Jülich plain, where wheat is grown, in times gone by also large amounts of flax. The soil is also good for the white cabbage that is popular in the Rhineland. The market square is worth a visit. The town hall with its hipped roof and gallery has southern flair and is somewhat unusual for the region. The square also has a number of fine old burgher houses.

Erkelenz, ancienne ville marchande fortifiée, s'étend entre le parc de Maas-Schwalm-Nette et la Jülicher Börde. Elle est entourée de terres fertiles où poussent les céréales et où l'on cultivait également du lin autrefois. Par ailleurs, le sol serait idéal pour la culture du chou blanc, le légume le plus apprécié dans la contrée. La place du marché est très pittoresque. Bordée de quelques belles maisons patriciennes, elle est dominée par l'hôtel de ville au toit en croupe et dotée d'arcades de verdure qui confèrent à l'édifice un aspect méridional, insolite pour la région.

Schwalm-Nette-Park

Schwalm-Nette-Naturpark

Die Rur, oder Roer, wie sie im Niederländischen heißt, (im Bild links) entspringt im deutsch-belgischen Naturpark Hohes Venn, ein in Europa einmaliges Großmoor. Als Rur in Deutschland ihren Lauf nehmend, verhilft sie in der Eifel dem Städtchen Monschau zu seinem malerischen Aussehen und füllt später die Rurtalsperre. Vorbei an den Städten Düren und Jülich, eilt der kleine Dreiländer-Fluß weiter, um sich im holländischen Roermond mit der Maas zu vereinen. – Rechts im Bild der idyllische Marienbruch bei Wasserberg im Schwalm-Nette-Naturpark.

Schwalm-Nette nature reserve

The River Rur on the left picture (not to be confused with the Ruhr) rises in the Belgian-German Hohes Venn nature reserve. Its Dutch name is Roer. In the Eifel, downriver from Monschau where it provides the setting for the picturesque little town, it flows into the Rur Valley Reservoir. Then the busy little river, at home in three different countries, hastens on northwards to the Niederrhein, past the towns of Düren and Jülich, to Holland where it joins the Maas in Roermond. – On the right, the idyllic Marienbruch near Wasserberg in the Schwalm-Nette nature reserve.

Parc naturel de Schwalm-Nette

Appelée «Roer» en flamand, la Rur (photo à gauche) coule dans trois pays. Elle prend sa source dans la partie belge du parc naturel des Hautes Fagnes, traverse ensuite l'Eifel où elle rehausse le cachet de la jolie ville de Monschau avant d'aller remplir le barrage de la Rur qui est un grand lac artificiel d'Allemagne. Puis, la rivière poursuit sa route vers le Nord et la basse vallée du Rhin, arrose les villes de Düren et Jülich et se jette dans la Meuse à Roermond en Hollande. – Sur la photo de droite, le lieudit Marienbruch, près de Wasserberg dans le parc naturel de Schwalm-Nette.

Schwalm-Nette-Naturpark

Die wasserreichen Täler des deutsch-niederländischen Naturparks glichen früher einem schier undurchdringlichen Dschungel, bis man ihre Eignung zur Bewirtschaftung durch Wassermühlen erkannte, die man für den Flachsbau benötigte. Da sich die Produktion von Leinöl lohnte, entstand im Gebiet der Schwalm eine regelrechte Mühlenstraße. Einige solcher Mühlen sind erhalten geblieben; die Schrofmühle (Bild links) besitzt noch ein arbeitsfähiges Mahlwerk. – Im Bild rechts der Mühlenbach bei Wegberg.

Schwalm-Nette nature reserve

Not so long ago, the valleys of the Dutch-German nature reserve, abundant with water, were an almost inpenetrable jungle, until it was discovered that they were ideal for water mills. These were needed for the flax industry. The production of linseed oil turned out to be a profitable enterprise, and so a whole string of mills grew up in the Schwalm area. Some are still well-preserved today, though there are said to be no more millers. The Schrofmühle (on the left) still has operational milling equipment. – On the right is the mill hill near Wegberg.

Parc naturel de Schwalm-Nette

Autrefois, les vallées richement arrosées du parc naturel germano-hollandais, ressemblaient à une jungle impénétrable. Mais on découvrit que leurs eaux pouvaient servir à alimenter les moulins dont on eut besoin quand la culture du lin s'intensifia dans la basse vallée du Rhin. La production d'huile de lin était très rentable et entraîna la construction d'une multitude de moulins à eau dont certains existent encore. Le «Schrofmühle» (photo à gauche) est encore en activité. – Sur la photo à droite: le lieu-dit Mühlenbach près de Wegberg.

Dem grenzübergreifenden deutsch-niederländischen Schwalm-Nette-Naturpark liegt das Bestreben zugrunde, einerseits Natur zu erhalten, andererseits Erholungsgebiete für die Menschen zu schaffen. Deshalb muß alles Motorisierte auf den Parkplätzen draußen bleiben und man muß sich den Park per pedes erwandern. Unterschiedliche Landschaftstypen bieten den Tieren einen idealen Lebensraum. Die Seen und Feuchtgebiete haben sich als Eldorado für Vögel wie Graureiher, Rohrsänger, Rallen und andere mehr erwiesen.

The aims of the Dutch-German Schwalm-Nette nature reserve are to preserve the natural environment, while at the same time providing leisure-time locations. All motorized forms of transport are excluded from the park, which must be accessed on foot or by bicycle. A lot of effort has been put into preserving different types of landscape, taking into account the needs of animals too. The lakes and wetlands are an eldorado for grey herons, reed warblers, rails and many other types of birds.

Le parc naturel de Schwalm-Nette chevauche la frontière germano-hollandaise. Il s'applique à être une aire de loisirs tout en veillant à protéger sa nature. Il est interdit d'y circuler en voiture. Les visiteurs doivent laisser leurs véhicules sur des parkings aménagés à l'extérieur du parc. C'est à pied ou à bicyclette que l'on part à la découverte des différents types de paysages qu'offre ce parc admirable. La faune y est abondante. Les étangs et les marécages sont l'habitat de nombreuses espèces d'oiseaux dont les hérons cendrés, les râles et les rousseroles.

BRÜGGEN

Typisch für Brüggen und seine Umgebung sind die Wassermühlen, die von der Vergangenheit dieses geschichtsträchtigen Bodens zeugen. Die Burg Brüggen ist als Ruine mit einigen erhaltenen intakten Teilen bis heute ein mittelalterliches Bauwerk.

The historic watermills are typical of the area round Brüggen. The Schwalm mill in Brüggen was mentioned as long ago as 1289. Brüggen Castle is a ruin, though some of the original buildings have been preserved since the Middle Ages.

Les moulins à eau de Brüggen et ses environs témoignent du passé de cette contrée à la riche histoire. Le «Schwalmmühle» à Brüggen est mentionné dès 1289. Brüggen possède également les vestiges d'un château-fort qui évoquent aussi l'histoire médiévale de la région.

DÜLKEN ▷

Der Dülkener Narrenmühle sieht man an, daß es mit ihr etwas Besonderes auf sich hat. Die buntbemalte Mühle trägt diesen Namen, weil sie im Dienst der Dülkener Narrenakademie (Karnevalsverein) steht und als Museum für rheinische Absurditäten dient.

It's easy to see that there is something special about the Fools' Mill in Dülken. What ordinary mill is painted so brightly? It's called the Fools' Mill as it is used by the Dülken mardi gras association; a museum of Rhenish absurdities.

A Dülken, le «Narrenmühle» (moulin des bouffons), à la façade fantaisiste, fait honneur à son nom. L'édifice appartient à la société carnavalesque de la localité et abrite un musée de grotesques rhénans.

HINSBECKER BRUCH

Im Naturpark des Nettetals liegt die Hinsbecker Schweiz, eine wasserreiche Gegend mit zwölf Seen und weiten Laubwäldern, wo sich Mühle an Mühle reiht. Auf den Hinsbecker Höhen steht die abgebildete Stammen-Mühle (Bild rechts). Weil das Wasser in dem flachen Land zu wenig Gefälle hatte, mußten beim Mühlebau schwierige Vorarbeiten geleistet werden. Die Fließgeschwindigkeit des Wassers mußte erst beschleunigt werden, Mühen, die mit dem zunehmenden Flachsanbau zusammenhingen und sich lohnten.

HINSBECKER MARSHES

In the Nette valley nature reserve is the so-called Hinsbecker Schweiz (Switzerland), an area abundant with water – there are twelve lakes – and deciduous forest. There is one mill after another. Up on the Hinsbecker Heights is is the Stammen-Mühle (on the right of the photo). As there is too little gradient for the water in the flat land, special work had to be carried out when the mill was built to increase the flow. But the growth of the flax industry made it worthwhile.

HINSBECKER BRUCH

La Hinsbecker Schweiz (la Suisse de Hinsbeck), une partie du parc naturel de la vallée de la Nette, abrite douze lacs, de vastes forêts de feuillus et une foison de moulins. Sur les Hinsbecker Höhen, à proximité du moulin «Stammen» (photo à droite). Comme les eaux de cette contrée plate avaient trop peu de déclivité, il fallut accélérer la vitesse des courants par des moyens artificiels. Des techniques compliquées furent utilisées, mais elles étaient justifiées par la rentabilité de la culture du lin.

SCHLOSS KRICKENBECK

Schloß Krickenbeck, ein um 1250 entstandener Herrensitz, ist eine typische niederrheinische Wasserburg von besonderem Stellenwert. Man darf sie dank ihrer Lage und der sie umgebenden Seen als Herzstück des Nettetales betrachten. Die Pflanzen- und Vogelwelt ist hier besonders artenreich, so gibt es Reiherhorste und andere vom Aussterben bedrohte Vögel. Im Bruch kann man Sonnentau und den fast unbekannt gewordenen Gagelstrauch finden. Wer die Idylle sucht, ist hier am rechten Platz. So mancher Künstler soll sie schon entdeckt haben.

KRICKENBECK CASTLE

Krickenbeck Castle dating back to 1250 is a typical Niederrhein moated castle of especial note. Its location, with the lakes around it, means it is the centrepiece of the Nette valley. The flora and fauna is particularly varied. There are heronries and endangered species of birds, and in the marshes drosera and rare shrubs are to be found. Anyone looking for somewhere idyllic is at the right place here. A number of artists have already discovered it.

CHÂTEAU DE KRICKENBECK

Protégé par des douves, le château de Krickenbeck, érigé vers 1250, présente l'aspect typique d'une demeure seigneuriale de la basse vallée du Rhin. On peut le considérer comme le cœur de la vallée de la Nette en raison de sa situation géographique et des lacs qui l'entourent. La nature environnante est riche en espèces d'oiseaux et de plantes rares. Elle abrite des oiseaux menacés de disparition tels que l'héronnière et des plantes pratiquement inconnues comme la myrica et la drosère. Ce terroir enchantera les amateurs de paysages idylliques.

NETTETAL-KALDENKIRCHEN

Dieser Gartenpavillon aus dem Rokoko ist eine echte Überraschung. Er sieht aus, als habe er sich aus einer südlichen Gegend mit hellerem Licht, wie es der Niederrhein nicht bietet, hierher verirrt. Die Stadt Nettetal, gelegen in der sogenannten Hinsbecker Schweiz, entstand durch Zusammenschluß mehrerer kleiner Orte, darunter Kaldenkirchen, eingebettet in weitläufige Wälder mit zwölf Seen, nahe der deutsch-niederländischen Grenze. – Im Bild unten sieht man das Pastoratsgebäude, ehemaliges Männerkloster vom Birgittenfürstkloster (17. Jh.).

NETTETAL-KALDENKIRCHEN

This garden pavilion from the rococo period is a real surprise. It looks as though it lost its way from some southern clime with brighter light and colours and landed up here by mistake. The town of Nettetal, situated in the so-called Hinsbecker Schweiz, was created by the merger of a number of smaller places, including Kaldenkirchen. It is surrounded by forest and twelve lakes, near the Dutch-German border. – At the bottom of the photo is the vicarage, a former monastery building dating from the 17th century.

NETTETAL-KALDENKIRCHEN

Ce pavillon de jardin, de style rococo, est une vraie surprise. Il semble avoir été construit pour un paysage méditerranéen lumineux et s'être fourvoyé dans des lieux où il n'appartient pas. La ville de Nettetal, située dans la contrée dite Hinsbecker Schweiz, est née de la réunion de plusieurs petites localités dont celle de Kaldenkirchen. Cet ancien village, niché dans une vaste forêt, marque la frontière entre les Pays-Bas et l'Allemagne. – La «Pastoratshaus», construite au 17e siècle, est un ancien monastère de moines qui faisait partie du couvent des «Birgitten».

Die Dorenburg ist ein alter Rittersitz, eingerichtet mit Möbeln aus dem 16. und 17. Jahrhundert. Die Burg befindet sich in einem Freilichtmuseumspark. Zu besichtigen sind hier die alten Bauernhäuser einfacher Leute des Niederrheins in früheren Zeiten, samt Mobiliar und den sie umgebenden Gärten. Das Gleiche gilt für das Handwerk und seine Arbeitsgeräte. Zu dem Baubestand gehören ein Backhaus, ein Pferdestall, ein Flachsspeicher und eine Scheune. Darin ist ein Spielzeugmuseum untergebracht, in dem eine Modelleisenbahn aufgebaut wurde.

The Dorenburg is an old nobelman's castle; the interior has furniture and furnishings from the 16th and 17th century. It is part of an open-air museum with old farmhouses. Here you can see how ordinary people of the Niederrhein lived in times gone by, including their furniture and gardens. Craftsmen's workshops and tools can also be viewed. The buildings include a bakehouse, a stable, a flax storehouse and a barn. The latter houses a toy museum with a model railway.

Le château de Dorenburg, ancien siège de la chevalerie, abrite une belle collection de meubles des 16e et 17e siècles. Il se dresse dans un parc qui est un musée en plein air. On y apprend comment le petit peuple de la basse vallée du Rhin vivait au Moyen Age. On découvre leurs maisons dotées d'aménagements d'époque, des ateliers d'artisans où sont montrés les outils utilisés autrefois et des bâtiments qui servaient à la collectivité. On peut voir entre autres, un fournil, une écurie, un grenier à lin et une étable, transformée en musée de jouets, dont un chemin de fer miniature.

Zurück zum Niederrhein

Süchteln wurde in den siebziger Jahren mit der alten Leineweberstadt Viersen vereint, deren Schutzpatron der Heilige Remigius ist. Neben seiner Kirche befindet sich ein moderner Brunnen, auf dem er thront, als sei er ein Heiliger unter dem Volk. Die Süchtelner Höhen überragen das Häusermeer von Viersen mit einer Höhe von 86 m. Das Bild zeigt den Blick von dort auf die bekannt flache niederrheinische Ebene, in der sich bestelltes Land mit Baumbestand abwechselt, so daß keine Eintönigkeit aufkommt.

In the 1970s Süchteln was merged with the old linen weavers' town of Viersen, whose patron saint is St. Remigius. Near the church is a modern fountain on which he sits elevated, but as though he is a saint with the common touch. Süchteln has something special to offer. The Süchteln Heights rise up above Viersen's sea of buildings at a height of 86 metres. The photo shows the view down onto the flat Niederrhein plain with its pattern of tilled fields and trees.

Süchteln fut réunie dans les années 70 à Viersen, une ancienne ville de tisseurs de lin dont le patron est Saint Remigius. Il trône sur une fontaine moderne qui se dresse à côté de l'église, et donne l'impression d'être un saint très débonnaire. Süchteln possède une particularité: l'ancien village fut bâti sur une colline de 86 mètres de hauteur et domine ainsi les toits de Viersen. La photographie, prise depuis les «Süchtelner Höhen», les hauteurs de Süchteln, montre la plaine de la basse vallée du Rhin dont la monotonie est rompue par l'alternance des champs de culture et des étendues boisées.

 VIERSEN, Luftbild vom Stadtzentrum mit dem Gebäude der Kreisverwaltung

Viersen ist eine alte Leineweberstadt, ein Handwerk, das der Stadt im 16. Jahrhundert zu hoher Blüte verhalf. Die Stadtrechte wurden erst 1856 verliehen, während das nach Viersen eingemeindete Dülken diese bereits seit 1352 besaß. Viersens ältestes Bauwerk ist die Pfarrkirche St. Remigius mit mächtigem Westturm am Alten Markt. Östlich des Kirchplatzes hat sich ein alter Friedhof erhalten, auf dem es mehrere Grabkreuze aus dem 17. Jahrhundert gibt. Zusammen mit einigen eingemeindeten Orten aus der Umgebung ist Viersen heute Kreisstadt.

Viersen is an old linen weavers' town, a trade through which the town flourished in the 16th century. Town charters were not granted till 1856, while Dülken, later merged with Viersen, received them as early as 1352. Viersen's oldest building is the parish church of St. Remigius with its great west tower on the Old Marketplace. East of the church is an old cemetery with several 17th century graves. After local government reorganization, Viersen is now an administrative centre.

Viersen, très prospère au 16e siècle grâce à ses filatures de lin, ne reçut pourtant son droit de ville qu'en 1856 alors que Dülken, qui y désormais rattachée, le possédait dès 1352. Son édifice le plus ancien est l'église paroissiale Saint-Remigius dont la puissante tour occidentale domine la place dite Alter Markt. Le cimetière situé sur le côté oriental de l'église, abrite encore plusieurs tombes datant du 17e siècle. Viersen, à laquelle ont été rattachées les communes environnantes, est aujourd'hui chef-lieu d'arrondissement.

VIERSEN, Alter Stadtgarten

Viersen besitzt einen Stadtgarten mit einem weißen Gebäude, der „Galerie im Park", einer Begegnungsstätte für Kultur und Kunst, zu der eine frühere Fabrikantenvilla umgebaut wurde. Ein Forum mit Kreishaus wurde im Jahr 1984 fertiggestellt und den parlamentarischen Gremien für ihre Arbeit zur Verfügung gestellt. Für beide, Begegnungsstätte wie Kreishaus, gibt es einen Park, der (wie das Bild rechts zeigt) eine beneidenswert schöne Kulisse abgibt.

VIERSEN, Old City Park

Viersen has a municipal park with a white building, the "Gallery in the Park", an arts centre in a former factory owner's villa. A forum with a new regional administration building was completed and inaugurated in 1984. For both buildings, that of the administration and the arts centre, there is a park providing, as the photo shows, an enviously fine setting.

VIERSEN, Parc municipal

Le vaste parc municipal de Viersen abrite un édifice blanc appelé la «Galerie du parc», où ont lieu des manifestations culturelles et artistiques. Cet édifice était autrefois la villa d'un industriel. Le complexe du forum a été achevé en 1984. Il comprend la «Kreishaus», siège du «parlement», élu par les citoyens, qui s'occupe de la gestion de l'arrondissement. Ce bâtiment est également entouré d'un parc qui constitue un décor splendide ainsi que le montre la photographie.

KREFELD, Markt auf dem Westwall

Krefeld ist keineswegs eine reiche Industriestadt. Als man den „Krefelder Stadtplan" entwarf, legten die Bürger auf grüne Zonen wert. Sie sind stolz auf ihre alten Straßen, von ihnen Wälle genannt. Spaziert man etwa den Westwall mit seinen alten Bürgerhäusern entlang, landet man am Ende auf einem Blumenmarkt und fühlt sich in eine Idylle versetzt. Auch in moderner Architektur setzte man Akzente. Auf der Wilhelmshofallee wurden 1928/30 zwei Häuser von Mies van der Rohe gebaut, Meisterwerke internationaler Architektur.

KREFELD, Market on the Westwall

Krefeld is by no means just an industrial city. When the city design was agreed, the citizenry set great store by green parkland. They are proud of their old streets, which they call "Wälle" (ramparts). If you stroll along the Westwall, you end up in an idyllic flower market. There are also two modern buildings of architectural note. Both were built by Mies van der Rohe in 1928-30 and caused quite an uproar among the population. They are to be found in the Wilhelmshofallee and are considered masterpieces of international architectural design.

KREFELD, Marché sur le Westwall

Si Krefeld est une ville industrielle, elle possède aussi de vastes espaces verts et un vieux quartier pittoresque dont les rues sont appelées «Wall». Le Westwall bordé d'anciennes maisons patriciennes, aboutit à un marché aux fleurs installé dans un endroit idyllique. La ville abrite également d'intéressantes architectures modernes dont deux maisons construites par Mies van der Rohe en 1928/30. Ces chefs-d'œuvre en style «Bauhaus» se dressent dans la Wilhelmshofallee.

Krefeld profitierte letztlich durch seine Toleranz im 16. Jahrhundert, weil es Glaubensflüchtlingen aus dem Westen Zuflucht gewährte. Sie führten die Seidenweberei ein, von der bereits Friedrich der Große befand: „Crefeld und die dortige Manufaktur sehe ich als Kleinod an." Aus ihr ging die „Krawattenstadt" hervor. Die Bürger gründeten einen Förderverein zum Bau eines Theaters, so daß Krefeld sich nach dem Krieg für den Preis von DM 1,3 Millionen ein solches leisten konnte. Es wurde mit „Lohengrin", dem Gralsritter vom Niederrhein, eröffnet.

Krefeld profited from its tolerance in the 16th century when it took in religious refugees from the west. They introduced silk weaving, which Frederick the Great described in these terms: "I regard Crefeld and its manufacture as a jewel." The "city of ties" grew from out. After the war, a citizen's action group for a new theatre was set up; they achieved their aim after collecting DM 1.3 million. The theatre was inaugurated with a performance of Lohengrin, the Niederrhein's Knight of the Holy Grail.

Krefeld a été récompensée de la tolérance qu'elle montra au 16e siècle en accueillant les persécutés religieux hollandais. Ils introduisirent l'industrie de la soie qui enrichit la ville dont Frédéric le Grand disait: «Crefeld et ses manufactures sont un trésor». Après la seconde guerre mondiale, quelques citoyens de la ville fondèrent un comité d'initiative pour promouvoir la construction d'un théâtre. L'édifice magnifique qui coûta 1,3 millions de marks fut inauguré avec la présentation d'un opéra de Wagner: «Lohengrin», le chevalier du Graal de la basse vallée du Rhin.

Trotz ihres wechselvollen Schicksals ist der alten Wasserburg Linn, die ein parkartiges Gelände umgibt, viel von ihrer ursprünglichen Gestalt erhalten geblieben. Nicht zuletzt ist das dem reichen Krefelder Weinhändler de Greiff zu verdanken, der das gesamte Burggebiet 1806 erwarb und die alte Bausubstanz möglichst wenig veränderte. Dadurch wurde der Stadt, die den Burgkomplex 1926 erwarb, ein historisch und baulich wertvolles Kleinod erhalten. Heute befindet sich darin ein Museum, in dem Funde aus einem nahen römisch-fränkischen Gräberfeld gezeigt werden.

Despite its chequered history, much of the original moated castle set in a park landscape has been preserved. This is to a large extent thanks to the Krefeld wine dealer Isaak de Greiff, who acquired the whole castle area in 1806 with the firm intention of changing as little as possible of the old buildings. When the city bought the castle complex in 1926, it acquired a jewel of historic importance and great architectural value. Today it houses a museum where exhibits from a nearby Roman-Franconian burial place are on display.

Le château de Linn a conservé sa physionomie d'origine en dépit son histoire mouvementée. Il fut acheté en 1806 par Isaac de Greiff, riche marchand de vins de Krefeld, qui s'attacha à restaurer l'édifice entouré d'un parc magnifique dans lequel il se fit construire une somptueuse demeure, la «villa Greiffenhorst». La ville acquit le château en 1926, devenant ainsi propriétaire d'un joyau architectural et historique. Il abrite aujourd'hui un musée où sont exposés des objets trouvés lors de fouilles d'un lieu de sépultures romain.

Krefeld-Uerdingen bilden heute eine Stadteinheit. Nach einer Hochwasserkatastrophe im 13. Jahrhundert wurde Uerdingen an heutiger Stelle nach einem strengen geometrischen Grundriß aufgebaut. Auch beim Ausbau seines Rheinufers wurde darauf geachtet, das Hafenbecken hochwasserfrei anzulegen. Man sieht, der nötige Respekt vor dem Rhein ist immer noch geboten. In der Nähe hat sich die chemische Industrie angesiedelt; die Rheinbrücke stellt die wichtigste Verbindung mit dem rechtsrheinischen Ruhrgebiet dar.

Krefeld-Uerdingen today form one city. Following a flood disaster in the 13th century, Uerdingen was rebuilt in its present location on a strictly geometric base. When the shoreline area was developed, care was taken to ensure the harbour was protected from floods. A wise move, prompted by historical experience. Nearby, a chemical industrial complex has grown up. The bridge over the Rhine is the most important link to the Ruhr industrial area.

Uerdingen est aujourd'hui rattachée à Krefeld. Après des inondations catastrophiques au 13e siècle, la ville fut reconstruite à son emplacement actuel, selon un plan géométrique rigoureux. Lors de l'aménagement des rives du Rhin, on veilla également à bâtir le bassin portuaire hors de portée des crues. Jusqu'à nos jours, le fleuve puissant est traité avec le plus grand respect! Une industrie chimique importante est installée à proximité. Le pont du Rhin constitue la connexion majeure avec la région de la Ruhr qui s'étend sur la rive droite du Rhin.

So modern und fortschrittlich Uerdingen heute auch ist, hat es sich doch Liebenswertes aus älterer Zeit erhalten. Am Marktplatz wird es sichtbar, in seinem 1725 erbauten spätbarocken Rathaus wie in den klassizistischen Häusern einer reichen Patrizierfamilie. Innerhalb der alten Stadtmauer befindet sich noch der Eulenturm, der als Befestigungs- und Mühlenturm diente. Eine idyllische Ecke von Alt-Uerdingen ist der Brempter Hof, ehemals Voigtei (um 1400), Wohnsitz des damaligen Kurfürsten von Uerdingen.

Modern and progressive though Uerdingen now is, it has still managed to preserve a certain charm from the past. For example in the old marketplace, in the late-baroque town hall of 1725 and in the classicistic buildings, built by a patrician family. Inside the old town walls there is the Eulenturm (Owl Tower), formerly used as a fortification and a mill tower. The Brempter Hof, a former governor's residence (c. 1400), is another idyllic corner of Old Uerdingen. It was once the residence of the Electors of Uerdingen and now houses a museum.

Uerdingen est aujourd'hui une commune moderne, tournée vers le progrès. Elle a toutefois conservé plusieurs édifices splendides des temps passés. La place du marché, très agréable, est bordée d'un hôtel de ville construit en 1725 en style baroque tardif et de maisons patriciennes de style néoclassique. Incorporée dans l'ancienne enceinte de la ville, la «Eulenturm» (tour des chouettes) servait à la défense de la ville. Le Brempter Hof, ancienne résidence des princes-électeurs d'Uerdingen, est un des coins idylliques du vieux Uerdingen.

Kalkum, vor noch nicht allzu langer Zeit zu Düsseldorf eingemeindet, ist noch ein ländliches Gebiet. Bekannter wurde es durch den Scheidungsprozeß der Gräfin Sophie Josephine von Hatzfeld (1805-81), einer deutschen Sozialistin. Der Prozeß zog sich über zehn Jahre hin. Ihr Verteidiger, mit dem sie auch befreundet war, war Ferdinand Lassalle, der in der Politik der deutschen Sozialdemokratie eine maßgebliche Rolle gespielt hat. Er setzte sich besonders für die Gewerkschaftsgründung ein.

Kalkum, only recently merged with Dusseldorf, is still very rural. It is known in connection with the divorce of Countess Sophie Josephine von Hatzfeld (1805-81), a German socialist. The proceedings lasted 10 years. Counsel for the defence was her friend Ferdinand Lassalle, who played a leading role in social democratic politics. In particular he supported the founding of trade unions.

Kalkum, située près de Düsseldorf, appartenait autrefois au comté de Hatzfeld. La localité devint connue au-delà de la province à cause du scandale que provoqua le divorce de la comtesse Sophie Joséphine de Hatzfeld (1805-81), une des premières socialistes allemandes. Le procès dura plus de dix ans. L'avocat de la comtesse, qui faisait également partie de son cercle d'amis, était Ferdinand Lassalle, un social-démocrate qui joua un rôle important dans la politique allemande. Il s'engagea entre autres pour la création des syndicats.

C&A
WILHELM
LEHMBRUCK

Das heutige Duisburg verdankt seinen Aufstieg der Kohle, auf der es geradezu erbaut ist und die man im Zeitalter der Industrialisierung dringend zur Verhüttung von Eisen brauchte. Die Chemie lernte sie zu verflüssigen, zu veredeln, in eine bisher unbekannte Energie umzuwandeln. Und der Rhein vor der Haustür war ein preiswerter Transporteur. Bald besaß Duisburg den größten Binnenhafen der Welt. „Malocher" brauchen Erholung. Die verschafften sie sich in der Wedau, um die Sechsseenplatte mit Bootshäusern, Eissporthalle und der Regattabahn.

Contemporary Duisburg owes its rise to coal, on which it is literally built and which was urgently needed for iron-smelting during the industrial revolution. The chemical industry later learnt how to liquefy it, refine it and turn it into a source of energy hitherto unknown. And the Rhine on the doorstep was a cheap carrier. Duisburg soon had the largest inland harbour in the world. Workers in the pits needed recreation, which they found in Wedau round the Six Lakes Area with boathouses, an ice rink and rowing complex.

Duisburg doit sa prospérité au charbon sur laquelle elle est bâtie et dont on eut besoin d'énormes quantités, à l'époque de l'industrialisation, pour le traitement métallurgique. La chimie apprit à le fluidifier, à le raffiner et à le transformer en une énergie jusqu'alors inconnue. Le Rhin qui coulait à la porte, devint une voie de transport bon marché. Duisburg posséda bientôt le plus grand port fluvial du monde. Les gens qui travaillent dur ont besoin de détente. C'est ce que leur offre l'aire des six lacs qui comprend des aménagements pour les sports nautiques et une patinoire.

FRIEMERSHEIM MOERS, Schloß ▷

Das Moerser Schloß ging aus einer Burg hervor, einer reinen Befestigungsanlage. Beide waren Mittelpunkt der alten Grafschaft, wie auch der Stadt. Vom Schloß steht heute noch ein zweigeschossiger Trakt und der Torturm. Darin sind Schloßtheater und Heimatmuseum untergebracht. Das Denkmal erinnert an Henriette Louise von Oranien, Gemahlin des Großen Kurfürsten von Preußen, deren Sohn der erste König von Preußen und Lehnsherr von Moers wurde. – Das Bild links zeigt die niederrheinische Landschaft in Friemersheim bei Rheinhausen.

FRIEMERSHEIM MOERS, Castle ▷

Moers Castle was a fortification before being turned into a residential castle. It was the centrepiece of the county and is now the heart of the city. A two-storey wing and the gatehouse tower are still there, housing the castle theatre and local history museum. Outside is the statue of Henriette Louise of Orange, wife of the Great Elector of Prussia. Hereditary rights passed to her son, who became the first King of Prussia and feudal lord of Moers. The photo on the left shows a Niederrhein landscape in Friemersheim near Rheinhausen.

FRIEMERSHEIM MOERS, Château ▷

Le château de Moers remplaça un ancien fort qui servait uniquement à la défense de la cité. L'ancienne ville fortifiée était autrefois le centre du comté de Moers. Le château dont il ne reste qu'une aile de deux étages et une tour-porte, abrite un théâtre et un musée. Devant l'édifice, se dresse la statue de Henriette Louise d'Orange, épouse du prince-électeur de Prusse. Son fils qui devint le premier roi de Prusse, hérita Moers de sa mère. – La photo de gauche montre un paysage typique de la basse vallée du Rhin, capté à Friemersheim près de Rheinhausen.

In Neukirchen-Vluyn läßt der Rhein seinen von der Industrie geprägten Teil hinter sich und wird zum ländlichen Niederrhein. Hier scheint er einmal viel gestromert zu haben. Daher die vielen Rheinarme, früher „Flunen" genannt, was soviel wie Flußland bedeutet. Zahlreiche Gewässer sind von der Niep durchzogen und werden „Niepkuhlen" genannt. An den Seenplatten liegen verschiedene Herrensitze, so Schloß Bloemersheim, wasserumwehrt und in einem schönen Park gelegen, heute im Besitz der freiherrlichen Familie von der Leyen.

In Neukirchen-Vluyn the Rhine leaves its industrial stretch behind and becomes the rural Lower Rhine. The river must have meandered hither and thither a lot in the past, whence the many branches and the old name "Flunen", meaning "land of the river". A lot of the lakes are linked by the Niep and are called "Niep holes". Among the lakes are various estate houses, such as Bloemersheim Castle, moated and located in a beautiful park, today owned by the baronial von der Leyen family.

Après avoir traversé des paysages industriels, le Rhin devient champêtre à partir de Neukirchen-Vluyn. Il a dû autrefois beaucoup vagabonder à l'entrée de sa vallée inférieure. Des bras morts du fleuve pullulent dans le paysage verdoyant. La rivière Niep traverse plusieurs de ces étendues d'eau. De belles résidences seigneuriales se dressent sur leurs rives. L'une d'elle est le château de Bloemersheim, entouré d'un parc splendide. Il est aujourd'hui la propriété des barons de Leyen.

Kamp-Lintfort geht zurück auf ein Kloster, das zwölf Zisterziensermönche bauten (1122). Es war über lange Zeit eine bedeutende Kunststätte am Niederrhein. Erst in sehr junger Zeit hat man sich daran gemacht, Altes, in Kriegen Zerstörtes, neu entstehen zu lassen. So meldeten die Medien im September 1990 die Wiederherstellung der barocken Terrassenanlagen des ehemaligen Klosters Kamp. Diese auch als „Sanssouci vom Niederrhein" apostrophierten Barockgärten galten als bedeutendes Beispiel der niederrheinischen Kulturgeschichte.

Kamp-Lintfort has its origins in a monastery built by 12 Cistercian monks in 1122. For a long period it was an important centre for the arts in the Niederrhein. Only very recently has a start been made on restoring what had fallen into decay and been destroyed in wars. In September 1990 it was reported in the media that the baroque terraces of the former Kamp monastery had been restored. These baroque gardens, also known as the "Sanssouci of the Lower Rhine", were considered a prominent example of Niederrhein cultural history.

La fondation de Kamp-Lintfort remonte à un cloître que bâtirent douze moines cisterciens en 1122. L'édifice fut longtemps une des architectures majeures de la basse vallée du Rhin. Mais il fut dévasté pendant la guerre et c'est seulement récemment que l'on décida de le reconstruire. C'est ainsi que les journaux annonçaient en septembre 1990: «la restauration des jardins en terrasses baroques de l'ancien cloître de Kamp». Ces jardins que l'on a qualifiés de «Sanssouci sur le Rhin» occupent une place majeure dans l'histoire culturelle de la basse vallée du Rhin.

Das Bild zeigt die Wasserburg von Kempen. Aber nicht sie hat die Stadt berühmt gemacht. Das geschah durch einen gelehrten Mann, der 1380 in Kempen geboren und als Thomas von Kempen in die Geschichte einging. Ein Mönch und Mystiker, der die Bücher über „Die Nachfolge Christi" verfaßte, die heute noch studiert werden und ob ihrer anhaltenden Aktualität Auflagen wie die Bibel erreichten. Ein früher Bestseller aus Kempen! Im 16. Jahrhundert nahm die Blüte der Stadt ein jähes Ende. Sie wurde von Pest und von Glaubenskämpfen heimgesucht.

The photo shows Kempen's moated castle. However, it wasn't this that made the town famous, but a scholarly young man, born in 1380, who went down in history as Thomas of Kempen. A monk and mystic who wrote "The Imitation of Christ", a work still studied today, the number of copies printed reaching dimensions of the Bible due to its enduring topicality. An early bestseller from Kempen! In the 16th century the town's heyday was sharply curtailed when it was ravaged by the plague and religious struggles.

Le château entouré de douves de Kempen est un édifice intéressant, mais ce n'est pas lui qui a fait la réputation de la ville. Cet honneur revient à un savant, né à Kempen en 1380. Il est entré dans l'histoire sous le nom de Thomas de Kempen. Moine et mystique, il a écrit des ouvrages sur «la succession du Christ» qui non seulement sont encore étudiés aujourd'hui, mais se sont autant vendus que la bible à certaines périodes de l'histoire allemande. Prospère au Moyen Age, la ville a dépéri au 16e siècle après une épidémie de peste et des conflits religieux.

Straelen liegt unmittelbar an der holländischen Grenze. Der Verkehr mit dem Nachbarland ist rege, es gibt da eine nicht zu übersehende Gemeinsamkeit. Hier wie dort verdient man sein Geld vornehmlich mit Blumen und Gemüse, die man anbaut und versteigert. Wer kennt sie nicht, die Tulpen aus Holland und die Tiefkühlkost aus Straelen. Und weil das Geschäft boomte und sich solider Wohlstand einstellte, konnte Straelen seine historische Hinterlassenschaft so pflegen, daß sie sich angenehm darstellt.

Straelen lies right on the Dutch border. There is a lot of cross-border traffic as there is very much in common. On both sides of the border people earn their livelihood with flowers and vegetables, grown and auctioned locally. Everyone's familiar with tulips from Holland and deep-frozen vegetables from Straelen. And as business boomed, bringing with it prosperity, Straelen has been able to lavish care on its historical legacy, which is indeed a pleasant sight.

Straelen est directement située sur la frontière néerlandaise et entretient des relations très étroites avec le pays voisin. Des deux côtés de la frontière, les habitants gagnent leur pain avec la culture et la vente de fleurs et de légumes. Tout le monde connaît les tulipes de Hollande et les légumes congelés de Straelen. Et comme les affaires marchent très bien, une solide prospérité s'est installée à Straelen. La commune est ainsi assez riche pour entretenir ses édifices historiques et offrir une physionomie agréable aux visiteurs.

Haus Coull wurde 1701 als einer der Herrensitze im Tal der Niers erbaut. – Geldern wurde im letzten Krieg furchtbar zerstört. Von seiner alten Bausubstanz blieb wenig erhalten. Schloß Haag gehört erst nach der kommunalen Neugliederung zu dem früheren Herzogbesitz Geldern. Die Stadt lädt jeden Sommer zu einem internationalen Wettbewerb in Straßenmalerei ein. Dann wird's laut und fröhlich in den Straßen von Geldern.

The Coull building was erected as one of the estate houses in the Niers valley in 1701. – Geldern suffered terrible destruction in the last war. Little of its original fabric remains. Haag Castle has only recently, due to local government restructuring, been incorporated in the former duchy of Geldern. Every summer a boisterous street painting festival is held.

Construit sur les bords de la Niers, le manoir de Coull date de 1701. – Geldern sur la Niers était autrefois la capitale du duché de Gueldre. La ville a subi de graves dévastations durant la dernière guerre mondiale. Presque tous ses édifices historiques ont été détruits. Elle a cependant conservé des vestiges de fortification et une collégiale du 15e siècle. A proximité se dresse le château de Haag érigé au milieu du 14e siècle. Tous les étés, la municipalité organise une compétition internationale de «peintures sur les chaussées» qui remporte un grand succès.

Rheinberg, bereits 1233 mit Stadtrechten versehen, ist alles andere als eine verträumte alte Stadt. Sie kann mit Weltbekanntem aufwarten. Einmal mit der Firma Underberg, die mit dem Wahlspruch „semper idem" für die gleichbleibende Qualität ihres Magenbitters wirbt. Dann sind in Rheinberg die Deutschen Solvay-Werke, die das weiße Gold des Niederrheins, sein Steinsalz, aus einer Tiefe von 800 m, Überbleibsel eines vorzeitlichen Meeres, fördern. Aus ihm wird Chlor gewonnen. Das Bergwerk im Ortsteil Borth gilt als das mächtigste dieser Art in Europa.

Rheinberg, granted town charters as long ago as 1233, is by no means a sleepy old town. It's has something world-famous to offer. First there's the Underberg company, which advertises the invariable quality of its digestif with the slogan "semper idem" (always the same). Then there are the German Solvay works in Rheinberg where the Niederrhein's white gold, rock-salt, is mined at a depth of 800m in what was a primordial sea. This is processed to chlorine. The mine in Borth is considered the largest of its kind in Europe.

Rheinberg, qui reçut son droit de ville en 1233, n'a rien d'une petite ville provinciale endormie. Elle abrite plusieurs sociétés de réputation internationale. La firme Underberg produit des bitters, apéritifs amers, et son slogan «semper idem» est connu dans le monde entier. Les établissements Solvay traitent le sel de gemme qu'on appelle l'or blanc de la basse vallée du Rhin. Il est extrait à une profondeur de 800 mètres, d'une mer préhistorique asséchée, et transformé en chlore. Les mines à ciel ouvert de Borth sont les plus importantes en leur genre d'Europe.

Die mit Schloß versehene Siedlung Dinslaken, östlicher Eckpfeiler des früheren Herzogtums Kleve, erhielt bereits 1273 die Stadtrechte. Im letzten Krieg wurde die Burg zerstört, in den fünfziger Jahren auf alten Bauteilen neu errichtet, beherbergt sie derzeit kommunale Behörden. Die Industriestadt Dinslaken profitiert wirtschaftlich von der Nähe zum Ruhrgebiet. Daß sich auch der Naturpark Hohe Mark in der Nähe befindet, stellt für die arbeitende Bevölkerung einen willkommenen Ausgleich für Erholung und Freizeitgestaltung dar.

The castle settlement of Dinslaken, easternmost cornerstone of the former duchy of Kleve, was granted town charters as early as 1273. The castle was destroyed in the last war. Rebuilt in the 1950s on its original base, it now houses the local government administration. The industrial town of Dinslaken profits economically from its proximity to the Ruhr area. The nearby Hohe Mark nature reserve offers the working population relaxation and recreation.

Dinslaken, située à l'extrémité de la pointe orientale de l'ancien duché de Clèves, reçut son droit de ville en 1273. Détruit durant la seconde guerre mondiale, le château a été reconstruit dans les années 50 et abrite aujourd'hui les services d'administration communaux. Dinslaken est une ville industrielle qui profite économiquement de la proximité de la région de la Ruhr. La réserve naturelle du Hohe Mark qui s'étend près de la localité est un lieu de détente et de loisirs très fréquenté.

Von Wesel ist im vorigen Krieg nicht viel übrig geblieben. „Overbombt" selbst nach dem englischen Heeresbericht, weil von hier aus der Übergang ins nahe Industriegebiet erzwungen wurde. Das Berliner Tor ist Wesels Wahrzeichen aus preußischer Zeit. „Vesalia fortis" war immer stark befestigt. Dank der vielen Glaubensflüchtlinge, die es aufnahm und die profundes Wissen in der Tuchherstellung mitbrachten, wurde es reich. Sie gaben der Stadt in ihrer Dankbarkeit den Namen „Vesalia hospitalis".

Not much of Wesel was left after the last war, even British military records use the term "overbombed". This is where forces crossed over into the core industrial area. The Berlin Gate is Wesel's landmark from Prussian times. "Vesalia fortis" was always strongly fortified. Thanks to the many religious refugees and the extensive weaving skills they brought with them, it became rich. Thankful as they were, they gave the town the name "Vesalia hospitalis".

Wesel subit de terribles ravages durant la seconde guerre mondiale parce qu'elle était située à la lisière d'une région industrielle. Les rapports de l'armée anglaise admirent que la ville avait été «trop bombardée». La porte de Berlin, vestige des anciennes fortifications de la ville, est un symbole de l'époque prussienne. La ville qui fit partie de la Hanse, devint prospère grâce aux nombreux persécutés religieux qu'elle accueillit et qui fondèrent des filatures. En reconnaissance, ils la surnommèrent «Vesalia Hospitalis», la Wesel hospitalière.

SCHLOSS DIERSFORDT bei Wesel

Schloß Diersfordt liegt in einem Landschaftspark, in dem sich Wald, Wiesen und Feuchtgebiete mit Kopfweiden abwechseln. Es hat, wie fast alle Schlösser am Niederrhein, eine wechselvolle Geschichte. Während der spanischen Besetzung von 1538 bis 1621 wurde das Gebiet ausgeplündert. Das derzeitige zweigeschossige Herrenhaus verdankt sein jetziges Aussehen dem Neubau von 1828/29. Besonders erwähnenswert ist die schöne Rokoko-Kapelle im Schloßhof. Heute ist im Schloß eine Klinik untergebracht.

DIERSFORDT CASTLE near Wesel

Diersfordt Castle lies in a varied landscaped park with woodland, meadows and wetlands with willows. As all its contemporaries, it has a chequered history. During the Spanish occupation from 1536 to 1621 the town was looted. The present two-storey edifice owes its appearance to the reconstruction of 1828/29. Of particular note is the rococo chapel in the courtyard. Today the castle houses a clinic.

CHÂTEAU DE DIERSFORDT

Le château de Diersfordt se dresse au cœur d'un paysage de forêts, de prés et d'étendues humides où poussent les saules. Comme presque tous les châteaux de la basse vallée du Rhin, il a une histoire mouvementée à raconter. Il fut pillé par Espagnols qui occupèrent la région de 1538 à 1621. Le château actuel a été reconstruit en 1828/29 et abrite aujourd'hui une clinique. A voir, la très belle chapelle de style rococo qui se dresse dans la cour d'honneur.

An schönen Sommerabenden wird das alte römische Amphitheater im Dorf Birthen bei Xanten wieder als Freilichtbühne genutzt. Es blieb erhalten, weil das fromme Mittelalter glaubte, dies sei der Ort an dem der Hl.Viktor sein Martyrium erlitt. Es stellte eine Attraktion besonderer Art dar, denn wo kann man schon diesseits der Alpen römische Antike so hautnah erleben wie hier am Niederrhein in einer besonders schönen Naturkulisse und bei außergewöhnlicher Unterhaltung. Eingeweiht wurde es mit „Schwanensee" und auch Shakespeare stand auf dem Programm.

On fine summer evenings, the ancient Roman amphitheatre in the village of Birthen near Xanten is once more used for open-air performances. It was preserved because it was believed in the pious Middle Ages that this was where St. Victorius underwent martyrdom. It is something quite special, for where else this side of the Alps can Roman antiquity be experienced so close at hand, in such a beautiful setting and while enjoying excellent entertainment. The theatre was officially opened with a performance of Swan Lake; Shakespeare has also been performed.

L'ancien amphithéâtre romain du village de Birthen près de Xanten revit lorsque des représentations y sont données durant les chaudes soirées d'été. Il ne fut pas détruit au Moyen Age parce qu'il aurait le lieu où Saint Victor subit son martyre. L'amphithéâtre est un des monuments les plus intéressants qu'a laissé la Rome antique en Allemagne. Entouré d'un décor de verdure, il est par ailleurs un magnifique théâtre en plein air qui fut inauguré avec une représentation du «Lac des cygnes» et qui offre également aux spectateurs des pièces de Shakespeare.

XANTEN, Viktorsdom

Der Viktorsdom entstand aus einer Cella memoriae, einer bescheidenen Gedächtniskapelle zu Ehren des Märtyrers Viktor, der ein römischer Legionär christlichen Glaubens war. Das fromme Mittelalter baute sie nach und nach zum Dom aus. Nach 1945 perfekt restauriert, betritt man von der Stadt her den Immunitätsbereich mit der Kalvarienberg-Darstellung. Innen birgt er großartige Schnitzaltäre, besonders den „Wurzel-Jesse-Altar" von Douvermann, einem Meister seines Fachs. – Im linken Bild (oben links) das rekonstruierte römische Amphitheater.

XANTEN, St. Victorius Cathedral

The Cathedral of St. Victorius grew out of a "cella memoriae", a modest memorial chapel dedicated to St. Victorius, a Roman legionnaire who was Christian. In the pious Middle Ages the chapel was gradually transformed into a cathedral. An image of calvary adorns the entrance of the cathedral, perfectly restored after 1945. The interior boasts wonderful carved altars, especially the Jesse altar in hard oak by Heinrich Douvermann, a master of his craft. – In the photo (top left), the reconstructed Roman amphitheatre.

XANTEN, Cathédrale Saint-Victor

La cathédrale est née d'une modeste chapelle érigée pour Victor, un légionnaire romain qui subit le martyre parce qu'il était chrétien. Elle fut construite du 13e au début du 16e siècle, dévastée lors de la seconde guerre mondiale et admirablement restaurée après 1945. La basilique à cinq nefs abrite de très belles œuvres dont un calvaire et plusieurs autels en bois sculpté, notamment l'admirable «autel de l'arbre de Jesse» réalisé par Heinrich Douvermann au 16e siècle. – Sur la vue aérienne de la ville, on peut voir l'amphithéâtre romain restauré, en haut à gauche.

Die Xantener Kartause neben dem Viktorsdom stammt aus dem Jahr 1646. Sie besteht aus einem dreistöckigen Mittelbau mit reich umrandetem Seitengiebel. Zur Gartenseite hin erhebt sich der Turm, an den beiden anderen Seiten schließen sich die schlichter gehaltenen Nebengebäude an. Von der Straße aus gesehen bietet sich dem Betrachter ein malerischer Anblick, der an eine der vielen Patrizierburgen erinnert, wie man sie aus anderen niederrheinischen Städten kennt. Hier logieren auch hohe kirchliche Würdenträger der Curie.

The Carthusian monastery next to the Cathedral of St. Victorius dates from 1646. It has a three-storey central building with sumptuous side gables. The tower rises up on the garden side, and on the other two sides are the rather more modest adjoining buildings. From the road it is a picturesque sight, reminiscent of many patrician castles familiar from other Niederrhein towns, an indication that the buildings were used as residential quarters for high-ranking church dignitaries of the papal court.

La chartreuse qui jouxte la cathédrale date de 1646. C'est un édifice de trois étages avec une très belle façade à pignons latéraux et dominé par une tour qui donne sur le jardin. Des dépendances modestes le prolongent de part et d'autre. Vu depuis la rue, l'ancien couvent de chartreux ressemble à une demeure patricienne, comme il en existe encore beaucoup dans les villes de la basse vallée du Rhin. Il accueille aujourd'hui les hauts dignitaires de l'Église durant leurs séjour dans la ville.

Wallfahrtsort Kevelaer

Kevelaer ist ein Wallfahrtsort und nach Adenauer gehört es damit zu „den heimlichen Hauptstädten der Welt". Es lebt von einem Gnadenbild, einem Kupferstich in Postkartengröße, das Maria als Himmelskönigin darstellt. Am 1.6.1642 wurde es in ein Gebetshäuschen eingesetzt. Bereits drei Jahre später wurde die Kerzenkapelle errichtet. Heute ist die sechseckige Gnadenkapelle mit den schönen Schmuckgittern an jeder Seite Mittelpunkt des religiösen Komplexes. Hier laufen auch alle Hauptstraßen der Stadt sternförmig zusammen.

Kevelaer is a place of pilgrimage. According to the politician Konrad Adenauer it is thus one of the "secret capitals of the world". Its raison d'etre is a miracle-working image, a copperplate engraving the size of a postcard depicting Mary as the queen of heaven. On 1.6.1642 it was set in a small oratory. Only three years later the Candle Chapel was consecrated. Today the hexagonal oratory with its strikingly beautiful decorative screens the focal point of the religious complex. All main streets in the town converge here.

Kevelaer est un célèbre lieu de pèlerinage. Le chancelier Adenauer a dit de la ville qu'elle était une des «capitales secrètes du monde.» Kevelaer doit son existence à une image miraculeuse de la Vierge, une gravure sur cuivre de la taille d'une carte postale. Elle fut exposée pour la première fois le 1.6. 1642 dans une chapelle minuscule qui fut remplacée par la chapelle des cierges trois ans plus tard. Aujourd'hui, l'image trône dans la chapelle miraculeuse. L'édifice de forme hexagonale et décoré de magnifiques ferronneries d'art est le cœur du complexe religieux.

SCHLOSS WISSEN bei Weeze

Schloß Wissen bei Weeze ist ein riesiger Komplex. Die verschiedenen Baustile seiner Gebäude verraten, daß lange und oft an ihm an- und umgebaut wurde. Der recht breite, von der Niers gespeiste Wassergraben weist aus, daß es zunächst als eine Wohnburg, also auf Verteidigung angelegt wurde. Inzwischen steht es unter Denkmalschutz.

Wissen Castle near Weeze is a huge complex. The various architectural styles are an indication that building took place frequently and over a long period. The broad moat, fed by the Niers, is proof that the complex was originally a fortified residential castle. It is now a listed building. From the courtyard the visitor surveys completely intact buildings, an enchanted atmosphere.

Le château de Wissen près de Weeze comprend plusieurs bâtiments dont les styles différents, du Renaissance au néogothique, révèlent qu'il a été remanié maintes fois au cours des siècles. Ses larges douves, alimentées par la Niers, datent du Moyen Age. Il fait aujourd'hui partie des monuments protégés.

SCHLOSS KALBECK bei Goch

Schloß Kalbeck, zwischen Weeze und Goch gelegen, besitzt einen zauberhaften Rosengarten, in dem in jedem Juli das „Fest der Rosen" zugunsten einer Lourdes-Wallfahrt für Kranke begangen wird.

Kalbeck Castle situated between Weeze and Goch has a delightful rose garden, where a roses festival takes place each July in support of a pilgrimage to Lourdes for the sick.

Le château de Kalbeck, situé entre Weeze et Goch, fut reconstruit au début de ce siècle après avoir été détruit par un incendie. Il possède une roseraie magnifique qui chaque juillet accueille la «Fête des roses», dont les bénéfices financent un pèlerinage à Lourdes.

Von Goch nach Kleve

GOCH — SCHLOSS MOYLAND

Der Krieg hat Goch nur einige alte Bürgerhäuser übrig gelassen, so den spätgotischen Backsteinbau mit dem zinnenbewehrten Treppengiebel. – Schloß Moyland, das zwischen Kleve und Kalkar verborgen in einem Wald liegt, ist das bekannteste am nördlichen Niederrhein. Hier fand am 11. November 1740 das erste Treffen zwischen Friedrich dem Großen und dem französischen Philosophen Voltaire statt. Nach der Zerstörung im Krieg, ist es inzwischen wieder auferstanden und dient als Museum, vor allem für den Nachlaß Joseph Beuys.

GOCH — MOYLAND CASTLE

Only a few old burgher houses were left in Goch after the war, including the late-Gothic brick building with the merloned staircase gable. In addition a "Men's House" and a "Women's House", nowadays used as old-people's homes in keeping with the founders' wishes. – Moyland Castle, tucked away in the woods between Kleve and Kalkar, is the most well-known in the northern Niederrhein. This is where Frederick the Great and Voltaire met for their first exchange of views on 11th November 1740. The castle has now been magnificently restored. Today it houses a museum, mainly for the legacy of Joseph Beuys.

GOCH — CHÂTEAU DE MOYLAND

La seconde guerre mondiale n'a laissé à Goch que peu d'édifices anciens, parmi lesquels une maison en briques de style gothique tardif, à la façade crénelée et deux hospices médiévaux qui servent toujours de maisons de retraite. – Le château de Moyland, caché dans une forêt entre Clèves et Kalkar, est le plus connu de la région. C'est ici que Frédéric le Grand de Prusse et Voltaire se rencontrèrent pour la première fois le 11 novembre 1740. Détruit durant la dernière guerre, le château a été restauré et abrite un musée exposant des œuvres de Joseph Beuys.

Den Marktplatz von Kalkar ziert das freistehende gotische Rathaus, ein repräsentatives Gebäude aus rotem Backstein (1446). Kalkars Pfarrkirche St. Nikolai hat mit seinen Altären mittelalterliche Kostbarkeiten vorzuweisen. Der Flügelhochaltar von Jan Joest, bekannter als Jan von Kalkar, zeigt das Bild von der „Wiedererweckung des Lazarus", welches in der Zeit von 1505 bis 1508 entstand. Den Ort des Wunders verlegte der Meister nach Kalkar, indem er die spätmittelalterliche Stadtansicht mit dem historischen Rathaus im Hintergrund des Bildes zeigt .

Kalkar's market square is adorned by the Gothic town hall of 1446, an imposing red-brick building. Kalkar's parish church of St. Nicholas houses medieval treasure in the form of its Altars. The winged high altar by Jan Joest, better known as Jan von Kalkar, depicts the resurrection of Lazarus. It dates from 1505-1508. The artist set the resurrection in Kalkar, with a view of the town as it was in the Mittle Age, forming the background of the picture. The historic town hall has stood unchanged on Kalkar's market square right up to the present day.

L'hôtel de ville de style gothique domine la place du marché de Kalkar. Le magnifique édifice en briques fut achevé en 1446. L'église paroissiale Saint-Nicolas renferme plusieurs rétables magnifiques datant du Moyen Age. Le triptyque du maître-autel est une œuvre de Jan Joest, dit Jan de Kalkar. Un des panneaux montre la «Résurrection de Lazare», réalisée entre 1505 et 1508. Le peintre transporta le lieu du miracle à Kalkar et représenta une vue de la ville à la fin du Moyen Age, avec l'hôtel de ville en arrière-plan. Une image très analogue à celle qu'offre encore la place du marché aujourd'hui.

Der aus hartem Eichenholz geschnitzte Hochaltar des Meisters Arnt van Zwolle überwältigt durch die Fülle, mit der hier die Bibel Gestalt angenommen hat. Das Bild zeigt einen Ausschnitt aus der Leidensgeschichte Christi. St. Nikolai besaß früher mindestens fünfzehn solcher Altäre, von denen „nur" noch sieben übrig geblieben sind, da einige verkauft werden mußten. Nur, welche Kirche besitzt heute noch sieben Altäre dieser Qualität? Unter den noch erhaltenen befindet sich der „Altar der sieben Schmerzen Marias", der als bestes Werk von Douvermann gilt.

The high altar carved out of hard oak by Master Arnt van Zwolle is stunning in its biblical detail. The picture shows a detail of the Passion of Christ. St. Nicholas once had at least fifteen such altars, of which "only" seven have been preserved. Some had to be sold to help prevent the church from falling into ruin. But what church today still has seven altars of this quality? One of the surviving altars shows the Anguish of Mary, considered to be Douvermann's best work.

Le maître-autel sculpté dans du chêne et œuvre d'Arnt van Zwolle raconte magistralement des épisodes de la Bible. La photo montre un tableau du chemin de la Croix de Jésus. Saint-Nicolas possédait autrefois plus de quinze retables qui étaient tous des chefs-d'œuvre. Mais il n'en reste plus que sept. Les autres ont dus être vendus pour financer la restauration de l'église. Parmi ceux que l'église a conservés se trouve le retable intitulé «Les sept douleurs de Marie» qui serait la plus belle œuvre de Douvermann.

Emmerich war vom 14. bis 16. Jahrhundert reiche Hansestadt und wurde „Embrica decorum" genannt, „das prachtvolle Emmerich". Heute verfügt es über einen Industriehafen. Und es besitzt die größte Hängebrücke Deutschlands mit einer Spannweite von 500 m, ein technisches Wunderwerk. – Als der Rhein sich noch frei in die Landschaft ausbreitete, hinterließ er alte Rheinarme und Seen, die bis heute den Reiz der Landschaft um Rees ausmachen. Außerdem besitzt Rees eine schöne Rheinpromenade mit Mühlen- und Pegelturm.

From the 14th to the 16th century Emmerich was a wealthy Hansa League town and was called "Embrica decorum", meaning "magnificent Emmerich". Today it has an industrial harbour which is really a sea harbour. It also boasts Germany's longest suspension bridge with a span of 500m. – When the Rhine was still able to wander freely through the countryside, it left old branches and lakes that now constitute the charm of the countryside round Rees. The town also has a particularly fine promenade with mills and a tower with a level gauge.

Située sur la rive droite du Rhin, Emmerich fut une ville hanséatique du 14e au 16e siècle, surnommée «Embrica decorum» (Emmerich la somptueuse). La ville industrielle possède aujourd'hui le plus grand pont suspendu d'Allemagne avec une portée de 500 mètres et un port fluvial important capable d'accueillir des navires de grandes tailles. – Quand le Rhin coulait encore librement dans la nature, il se divisait et formait des bras morts et des étangs qui aujourd'hui constituent l'attrait des environs de Rees, une petite ville ancienne dotée d'une jolie promenade le long du fleuve.

KRANENBURG

Auch Kranenburg ist ein Wallfahrtsort, älter als Kevelaer; es hat lange Zeit vom Geld seiner Pilger gelebt; Geld war auch der Anstoß, der das änderte. 1555 verbot der Klever Landesherr die Wallfahrten wegen Mißständen beim Ablasshandel. Zwar finden wieder Prozessionen statt, aber gegen Kevelaer kommt Kranenburg nicht mehr an. Das Städtchen verfügt noch über einen alten Mühlenturm an der Stadtmauer und den „Katharinenhof", ein Backsteinbau mit festgefügten Kellergewölben, in denen deutsch-holländische Geselligkeit gepflegt wird.

KRANENBURG

Kranenburg too is a place of pilgrimage, older than Kevelaer. For a long period it did well out of the pilgrim's money; and money was the reason why it all changed. In 1555 the prince of Kleve banned pilgrimages. What prompted him were irregularities in the sale of indulgences. It is true that processions are now held again, but Kranenburg can't compete with Kevelaer any more. The town has an old milltower on the town walls and the "Katharinenhof", a brick building with vaulted cellars where convivial Dutch-German get-togethers take place.

KRANENBURG

Kranenburg est également un lieu de pèlerinage, encore plus ancien que Kevelaer, et qui pendant longtemps vécut de l'argent qu'apportaient les pèlerins. Mais en 1555, le comte de Clèves interdit les pèlerinages en raison de querelles sur le paiement d'indulgences. Des processions s'y déroulent de nouveau, cependant Kranenburg est restée bien moins connue que Kevelaer. La petite ville à la frontière hollandaise possède encore un moulin pittoresque. Le «Katharinenhof», ancien édifice en briques, doté de caves voûtées, est un lieu de rencontre germano-hollandais.

Laut der Sage erschien hier der glänzende Gralsritter, der in einem von einem Schwan gezogenen Nachen in Kleve vorfuhr, um dessen Herrin von allem Unbill zu befreien. Dank Richard Wagner wurde der Schwanenritter unter dem Namen Lohengrin und die Schöne Beatrix als Elsa von Brabant weltbekannt. Der Schwan wurde zum Wappentier der Klever Grafen, die später zu Herzögen ernannt wurden und während des Mittelalters lange Zeit die mächtigsten Herren des Niederrheins waren.

Legend has it that the shining Knight of the Holy Grail made his way to Kleve in a swan-drawn boat to free its mistress from all her troubles. Thanks to Richard Wagner, the Knight of the Swan became world-famous as Lohengrin, and the fair Beatrix as Elsa of Brabant. The swan became the heraldic animal of the counts of Kleve, who were later elevated to dukes and for a long period during the Middle Ages were the most powerful rulers of the Niederrhein.

Selon la légende, un chevalier du Graal apparut à Clèves dans une nacelle tirée par un cygne pour aider la souveraine du comté à vaincre ses ennemis. Grâce à Richard Wagner, ce chevalier et la comtesse Beatrix sont passés dans la postérité sous le nom de Lohengrin et Elsa de Brabant. Le cygne est devenu l'animal héraldique des comtes de Clèves, ultérieurement élevés à la dignité de ducs, qui furent les seigneurs les plus puissants de la basse vallée du Rhin au Moyen Age.

In der für den Niederrhein vielleicht besonders typischen, weil sehr ursprünglichen Landschaft der Düffel, zwischen Kleve und Kranenburg, liegt in dem nach Kleve eingemeindeten Donsbrüggen die nach dem Ort benannte Mühle. Sie wurde von einem Förderverein restauriert und heute wird wieder nach alter Art Korn zu Mehl gemahlen.

Diese Bilderreise an den Niederrhein führte von Zons im Süden bis Kleve und Kranenburg in seinem äußersten Norden. Dank der modernen Fernstraße, die im Herbst 1986 vom deutschen Bundespräsidenten und der niederländischen Königin Beatrix eingeweiht wurde, ist der Niederrhein schneller erreichbar geworden. Ein weitaus längerer Weg ist der, welcher durch die Jahrhunderte führte. Möge dies alles zusammen dazu beitragen, den Wunsch zu erwecken, diese alte Kulturlandschaft selbst zu bereisen und zu entdecken!

In the midst of the Düffel, an unspoilt stretch of country very typical of the Niederrhein between Kleve and Kranenburg, lies Donsbrüggen, now part of Kleve. The mill of the same name has been restored thanks to the efforts of a historical society, and flour is now ground there again as in olden times.

This pictorial tour of the Niederrhein from Zons in the south right up to Kleve and Kranenburg in the far north offers a cross-section of the scenery, history and culture just waiting to be discovered on a visit. The Niederrhein has become easily accessible, thanks to the new road opened by the German President and Queen Beatrice of Holland in the autumn of 1986. The path through the centuries of course is much longer. May this book be an invitation to follow in our footsteps.

Situé au cœur d'un paysage typique de la basse vallée du Rhin, le moulin de Donsbrüggen se dresse entre Clèves et Kranenburg, dans un village dont il porte le nom. Un comité d'initiative a pris en main la restauration du moulin. On y produit de la farine avec du blé moulu selon la méthode traditionnelle.

Ce voyage photographique à travers la basse vallée du Rhin conduit de Zons dans le sud de la contrée jusqu'à Clèves et Kranenburg à la frontière hollandaise. Aujourd'hui, la basse vallée du Rhin est rapidement accessible grâce à l'autoroute que le président allemand et la reine des Pays-Bas ont inauguré en automne 1986. L'acheminement de ce terroir à travers les siècles a été bien plus long. L'association du progrès et de l'histoire culturelle de la région ne peut qu'éveiller le désir de parcourir et découvrir ce coin captivant de l'Allemagne.

ZIETHEN-PANORAMA VERLAG
D-53902 Bad Münstereifel · Flurweg 15
Telefon: 02253 - 60 47 · Fax: 02253 - 6756

1. Auflage 1999

Redaktion und Gestaltung: Horst Ziethen
Textautorin: Rose Marie Lehnhof
Englische Übersetzung: John Stevens
Französische Übersetzung: France Varry

Gesamtherstellung:
ZIETHEN-Farbdruckmedien GmbH
D-50999 Köln · Unter Buschweg 17
Telefon: 02236 - 61028 · Fax: 02236 - 62939

Buchbinderische Verarbeitung: Leipziger Großbuchbinderei

Printed in Germany

ISBN 3-929932-93-8

BILDNACHWEIS / TABLE OF ILLUSTRATIONS / TABLE DES ILLUSTRATIONS

Seiten:
RUTH KAISER .... 7, 8, 9, 10, 15, 16, 17, 19, 20, 21, 22, 23, 24, 25, 26, 27, 28, 29, 30, 31, 32, 33, 34, 35 (2), 36, 39, 40, 41, 42, 44, 45, 50, 51, 54, 55, 56, 57, 58, 59, 60, 68, 69, 71 (2), 72, 73, 74, 75, 76, 81, 84, Rücktitelbild
WERNER OTTO .... Titelbild, 13, 14, 37, 43, 46, 47, 52, 53, 61, 62, 63, 64, 65, 80

Stuttgarter Luftbild / Elsässer 38, 66, 78/79, 82
Archiv Horst Ziethen 12, 18, 48

DLB / Bernhard Lisson: 11 · Norbert Schinner: 49 · Krapohl-Verlag: 67 · Fritz Mader: 70
Michael Jeiter: 77 · Wilhelm Kienberger: 83 und Gralsritter-Bild im Titelbild

Vorsatzseiten-Kartengrafik: Hanns-Josef Kaiser
Historische Nachsatzseiten-Karte: Verlag der Buchhandlung Johannes Keuck, Geldern

ORIENS.
ALIA
BERGIAE DVCATVS PARS.
DVCATVS CLIVIAE
MOERS.
IVLIAE
GE LR KESSEL
Metmen
Eßen
Werden
Rattingen
Gerrisheim
Duißeldorp
Dorsten
Schermbeeck
Borken
Boecholt
Wesel
Rees
Calcar
Cleue
Emmerick
Duisborg
Kempen
Venloo
Ruremonde
Montfort
Erkelens
Waßenberg
Gladbeeck
Karnepen
Boerbeeck
Ketwijck
Holt
Dreuenich
Gardorp
Huyns
Bruynen
Swartstein
Burick
Alpen
Fronnebrouck
Santen
Goch
Wachtendonck
Straelen
Veen
Peel
Liesel
Meyel
Bruggen
Dalem
Dulcken
Venraijd
Heringen
Geldre
Capel
Hulst
Wankum
Blerick
Horst
Aldenhouen
Kessel
Helden
Sevenum
Beeck
Bruynen
Peel